西班牙语专业学生赛事与人才培养

实践与案例

申义兵◎主编

人民日报出版社

北 京

图书在版编目（CIP）数据

西班牙语专业学生赛事与人才培养：实践与案例 /
申义兵主编.—北京：人民日报出版社，2025.2
ISBN 978-7-5115-8136-5

Ⅰ.①西… Ⅱ.①申… Ⅲ.①高等学校—西班牙语—
竞赛—研究—四川 ②高等学校—西班牙语—人才培养—研
究—四川 Ⅳ.①H340.41

中国国家版本馆CIP数据核字（2023）第248120号

书　　　名：西班牙语专业学生赛事与人才培养：实践与案例
　　　　　　XIBANYAYU ZHUANYE XUESHENG SAISHI YU RENCAI
　　　　　　PEIYANG : SHIJIAN YU ANLI
主　　　编：申义兵
出 版 人：刘华新
责任编辑：吴婷婷
封面设计：中尚图
出版发行：人民日报出版社
社　　　址：北京金台西路2号
邮政编码：100733
发行热线：（010）65369527　65369512　65369509　65369846
邮购热线：（010）65369530　65363527
编辑热线：（010）65369844
网　　　址：www.peopledailypress.com
经　　　销：新华书店
印　　　刷：三河市中晟雅豪印务有限公司
法律顾问：北京科宇律师事务所　（010）83622312
开　　　本：710mm × 1000mm　1/16
字　　　数：150千字
印　　　张：11
印　　　次：2025年3月第1版　2025年3月第1次印刷
书　　　号：ISBN 978-7-5115-8136-5
定　　　价：56.00元

本书受重庆市高校国际化人文特色建设项目资助，是四川外国语大学西班牙语国家级一流专业建设成果。

前　言

在当今全球化的时代背景下，西班牙语不仅仅是一门语言，更是一座通向世界的桥梁。随着中国和西班牙及拉丁美洲国家在文化、经济和政治等领域的交流日益频繁，学习西班牙语对于学生来说，不仅意味着掌握跨文化交流的能力，更意味着打开未来职业的广阔天地。《西班牙语专业学生赛事与人才培养：实践与案例》旨在深入探讨和分享西班牙语专业学生在各类赛事中的宝贵经验和成功案例，不仅是为了鼓励学生深入学习西班牙语，提高专业素质，更是为了让他们在未来的职业生涯中更具竞争力。

本书深入研究了韩素音国际翻译大赛、"永旺杯"多语种全国口译大赛、中西部外语翻译大赛等一系列专业比赛。这些比赛不仅要求学生具备出色的语言表达能力，还需要他们掌握跨文化交流的技巧，熟悉相关领域的专业知识，具备高超的翻译和口译技能。通过参与这些赛事，学生不仅可以提高自己的语言水平，还可以锻炼思维能力，提高抗压能力。

本书还探讨了一些独特的比赛，如"大湾区杯"全国高校外语专业区域国别学知识能力竞赛、世界100经典作品双语解读网络大赛、"外研社·国才杯"国际传播力短视频大赛等。这些比赛要求具备一定的语言表达能力和创新意识，将西班牙语与多媒体技术相结合，为学生提供了展示才华的机会，培养了他们的多媒体技能和创新思维。

此外，本书深入剖析了中国"互联网+"大学生创业创新大赛、iCAN大学生创新创意大赛、"外研社·国才杯""理解当代中国"全国大学生外语能力大赛等。这些比赛强调创新创业精神在西班牙语教育领域的重要性，鼓励学生积极参与创新项目，培养他们的创业意识和实践能力。

最后，衷心感谢所有参与撰写的老师和学生，是他们的热情投入和专业贡献为本书的完成提供了不可或缺的支持。同时，感谢四川外国语大学西方语言文化学院院长谌华侨副教授，是他的指导和帮助使这本书得以顺利完成。本书倾注了团队的努力、热情和责任，但由于水平有限，难免存在瑕疵错漏，恳请和期待广大读者谅解、批评和指正，以此激励我们继续前行。

希望本书能够为西班牙语专业学生和教育者提供有价值的信息和启发，激励更多的学生积极参与各类竞赛，锻炼自己的语言能力，提升跨文化交际技能，为未来的职业生涯奠定坚实的基础。再次感谢大家的支持和贡献，祝愿西班牙语教育不断进步，学生在竞赛中茁壮成长，为自己的未来铺就一条光明之路。

申义兵

2024年8月

目　录

专业赛事篇

综合赛事篇

专业赛事篇

语言能力竞赛与人才培养

韩素音国际翻译大赛

申义兵　　马维伯[①]

摘要：本文深入探讨了韩素音国际翻译大赛及其在培养复合型专业翻译人才方面的作用。韩素音国际翻译大赛，作为中国翻译界组织时间最长、规模最大、影响最广的翻译比赛，不仅是翻译领域的一大盛事，也是检验和展现翻译专业水平的重要平台。本文详细罗列了大赛对参赛者多方面的能力要求，强调了参赛者需要具备的综合素质，包括深厚的语言功底、文化敏感性与理解力、良好的调查研究能力、创造性思维与适应能力、细致的校对能力、时间管理能力以及对原作的尊重和理解等。通过多方面的分析，揭示韩素音国际翻译大赛不仅是翻译能力的展示平台，更是促进翻译领域人才成长和国际化交流的重要催化剂。

关键词：韩素音国际翻译大赛；翻译能力；文化理解；人才培养

---

① 申义兵，四川外国语大学西方语言文化学院西班牙语副教授。马维伯，四川外国语大学西方语言文化学院 2021 级西班牙语语言文学硕士研究生，现为广东外语外贸大学 2024 级博士研究生。

一、赛事简介

韩素音国际翻译大赛（原名韩素音青年翻译奖竞赛，以下简称韩赛），在著名英籍华裔作家韩素音的资助和支持下，于1989年由中国翻译协会、《中国翻译》编辑部发起创办，被誉为翻译界的"奥斯卡"，是目前中国翻译界组织时间最长、规模最大、影响最广的翻译大赛，并受到全国乃至海外青年翻译爱好者的热烈欢迎和高度认可。翻译大赛为学生提供了与各高校学子相互竞争、相互激励的平台，学生的翻译实践能力和综合语言水平也得到了提升。2003年，第16届"韩素音青年翻译奖"颁奖仪式上，时任国务委员唐家璇发来贺词说："这是一项很有意义的活动，我很支持，希望能逐年办下去，而且越办越好。"

韩赛前身是《中国翻译》杂志从1986年开始举办的青年有奖翻译活动，每年一次。1989年3月，中国翻译协会的老朋友韩素音女士访华，与《中国翻译》杂志主编叶君健在京见面。韩素音女士一直非常支持中国的翻译事业，她了解到正在举办的这一青年有奖翻译活动后，当即表示愿意提供一笔赞助基金，使这项活动更好地开展下去。经过商议，《中国翻译》杂志决定用这笔基金设立"韩素音青年翻译奖"。因此，原名为"第四届青年有奖翻译比赛"的赛事，1989年在揭晓活动中改为"第一届韩素音青年翻译奖"竞赛。

截至2023年，韩赛已举办35届，组织形式愈加进步、竞赛规模日益扩大、语种覆盖越来越广。从之前的英译汉扩展到第35届的汉语与英语、法语、俄语、西班牙语、阿拉伯语、德语、日语、朝鲜语、葡萄牙语、意大利语10个语种的双向互译，共计20个比赛项目，国际化水平不断提升，吸引了国内外翻译爱好者的踊跃参与。韩赛凝结着韩素音女士对翻译事业的支持与贡献，承载着组织者在赛事工作方面的良苦用心，凸显着青年翻译者在翻译道路上的孜孜求索。

参赛选手除来自全国各地高等院校的师生外，还有工作在国家机关、军队系统、企事业单位的翻译从业人员，以及从事自由职业的翻译爱好者和来自美国、英国、法国、德国、西班牙、意大利、加拿大、俄罗斯、澳大利亚、葡萄牙、巴西、阿根廷、埃及、日本、韩国和马来西亚等50多个国家的参赛选手。

二、比赛赛制与参赛步骤

韩赛由中国翻译协会、中国翻译研究院、当代中国与世界研究院与西安外国语大学联合主办，教育部中外语言交流合作中心支持，《中国翻译》杂志社、西安外国语大学高级翻译学院共同承办。以下以第35届韩赛为例，本届竞赛设有英语、法语、俄语、西班牙语、阿拉伯语、德语、日语、朝鲜语、葡萄牙语、意大利语10个语种与汉语的互译，共计20个竞赛项目。参赛者可任选一项或同时参加多项竞赛。天津外国语大学、四川外国语大学、大连外国语大学、西安外国语大学、广东外语外贸大学、西安翻译学院、上海外国语大学、北京外国语大学、吉林外国语大学、南京师范大学、南京医科大学、浙江师范大学、江南大学、南京大学、扬州大学、北京第二外国语学院、重庆外语外事学院、中南林业科技大学、对外经济贸易大学、四川师范大学、暨南大学、黑龙江大学、浙江农林大学、厦门大学、湘潭大学、国防科技大学等高校的众多师生积极参赛。

（一）竞赛规则

1.参赛者年龄：18—45周岁。

2.参赛译文要求参赛者自主独立完成，杜绝抄袭等现象，一经发现，将取消参赛资格。自公布竞赛原文至提交参赛译文截稿之日，参赛者请勿在任何媒体公布自己的参赛译文，否则将被取消参赛资格。

（二）比赛时间

1.每年1月中旬，中国翻译协会会在其官方网站上公布本年度的竞赛规则，同时发布竞赛的原文，并开始接受线上报名和线上译文提交；

2.每年6月1日零时，线上报名和线上译文提交截止；

3.每年10月或11月，中国翻译协会在其官网公布获奖结果；

4.每年年底，举行颁奖典礼，对获奖者进行表彰。

（三）竞赛流程

1.国内选手报名：关注"中国翻译"微信公众号→对话框内输入"竞赛报名"→弹出报名表→填写报名信息（每人每个组别只有一次报名机会，请务必确认信息正确）→支付报名费（30元）→报名成功，获得参赛资格。电子邮箱和微信收到"报名确认通知"（内含由数字或字母组成的12个字节的"报名凭据"等）。报名系统开通时间关注"中国翻译"微信公众号及中国翻译协会官网。

报名凭据查询：通过"中国翻译"微信公众号→对话框内输入"报名记录查询"→填写姓名和证件号→查询个人报名信息（报名凭据）。

2.外籍选手报名：登录中国翻译协会官网（www.tac-online.org.cn）→韩素音国际翻译大赛专栏→第35届专栏→"外籍选手报名通道"→"在线报名"→填写报名信息（每人每个组别只有一次报名机会，请务必确认信息正确）→提交报名表→等待审核（约5个工作日），通过后，获得参赛资格→电子邮箱收到"报名确认通知"（内含由数字或字母组成的12个字节的"报名凭据"等）。报名系统开通时间关注"中国翻译"微信公众号及中国翻译协会官网。

报名凭据查询：通过中国翻译协会官网→韩素音国际翻译大赛专栏→第35届专栏→"外籍选手报名通道"→"结果查询"查询个人报名信息（报名凭据）。

3.网站在线提交参赛译文：报名成功后，请在2023年5月31日前登录中国翻译协会官网（www.tac-online.org.cn）第35届韩赛专栏，点击相应的提交参赛译文链接，填写姓名和报名凭据后，系统会在线显示报名信息，参赛者请根据提示在线提交相应组别的参赛译文。

（四）参赛译文提交要求

1.译文内容与报名时选择的参赛组别须一致，不一致视为无效参赛译文。例如：选择参赛组别为英译汉，提交译文内容若为汉译英，则视为无效译文。

2.参加英译汉、汉译英竞赛项目的参赛译文，须将文字直接拷贝粘贴至提交译文的文本框内。

3.其他语种参赛译文须为word文档.docx格式文件，大小不超过2M。

4.文档内容只包含译文，请勿添加脚注、尾注、译者姓名、地址等任何个人信息，否则将被视为无效译文。

5.截止日期之前未提交参赛译文者，视为自动放弃参赛资格，组委会不再延期接受参赛译文。每项参赛译文一稿有效，不接受修改稿。

6.为避免服务器过度拥挤，请尽量提前提交参赛译文。

（五）奖项设置

1.竞赛设一、二、三等奖和优秀奖若干名。一、二、三等奖将获得证书、奖金和刊发大赛揭晓信息的《中国翻译》杂志一本，优秀奖将获得证书和刊发大赛揭晓信息的《中国翻译》杂志一本。中国翻译协会官网、《中国翻译》杂志和微信公众号等将公布竞赛结果。竞赛颁奖典礼一般于每年底举行，竞赛获奖者将获邀参加颁奖典礼。

2.大赛组委会将评定"最佳组织奖"若干名，获奖单位将获邀参加颁奖典礼。

（六）大赛命题

在大赛命题环节，组委会召集专家组经过初次征集、复筛讨论和最终定题三个环节，从专业性、语言难度和风格体裁三个维度对赛题整体把控，并充分体现有区分度的原则，有一定难度、关注当下热点话题。不追求话题的专业性，但需要调动译者查阅相关知识点的能力；不刻意强调某一特定体裁，但文章本身要体现出一定的风格性。在专业性上，力求全面考验选手的知识结构、创新意识、思辨意识和信息素养等综合能力；在语言难度上，通过合理设置障碍点，考查选手语言驾驭及双语转换能力；在风格体裁上，响应国家语言战略需求，立足新时代，回应新需求，选取紧贴国际传播热点的赛题，考查选手把握和再现原文风格的技艺以及讲好中国故事的能力。

赛题确认后，评审专家组随即开始制作参考译文。各评审组邀请本组在不同翻译方向笔译经验丰富的专家制作参考译文初稿，且要求汉译外务必有本族语外籍专家参与。并进行反复讨论、查证、打磨，对多个版本的参考译文初稿集体讨论，相互比较，不断查证，反复推敲，保证参考译文的权威性。对参考译文评审组成员集体反复讨论，不断查证，不放过任何一点可能的疑惑，有时还向组外其他专业领域的专家求证。每篇参考译文都是几易其稿，有些语种对参考译文的修改稿次数在二十次以上，达到字斟句酌的程度。可以说，最终公布的参考译文既是执笔专家的心血之作，也是评审组集体智慧的结晶。之后，《中国翻译》杂志和中国译协网站"韩素音国际翻译大赛"专栏会陆续刊登评析文章或参考译文。

（七）评审流程

韩赛评审委员会的主要构成，除了主办方中国翻译协会、承办方《中国翻译》编辑部，还有来自不同院校的教授、外籍专家、外交部翻译室等。评审委员会下设评审工作组，负责组织参赛的具体评审事宜。工作组下设不同语言评审组，并指定工作组长和秘书。30 多年来，韩赛的评审流程日渐成熟完善。每届大赛评审委员会本着认真、负责、公平、公正的原则，严格执行匿名评审制度，做到对每一位参赛选手认真负责。

评审工作采取初评、复评、终评和专家组讨论四个环节。评审前，评审组对参赛原文的内容、含义、结构、语言、风格等认真分析，在此基础上，划出重点、难点，制定相应评分原则和具体的评分标准，从而对参赛者进行初评。

在英汉互译初评阶段引入机器阅卷，并通过"机器评阅+人工干预"的方式在极大提高初评效率的同时，确保该阶段的零失误。由于英汉语对译参赛人数众多，累计逾万人次，如果全部采用人工评阅，费时耗力，且难以避免因评分员人数众多评分一致性趋低，以及评阅人在极度疲劳时主观性增强、误差率加大的情况。经过慎重思考及周密部署，同时为将来迎接可能出现的更大规模的赛事做好准备，评委会决定在英汉语对译译文的初评中施行机器评分。评审组首先对参考译文进行采分点的提取和赋值，制作了较为详细的评分标准和阅卷说明。同时，为了规避当下机器评阅可能的不足（如对采用文言文的译文尚无法判别），以及因可用于机器学习的语料有限，造成对某些译文可能的误判，本着对所有参赛者负责的态度，评审专家组请评分员对余下的译文全部进行人工手动排查，以确保没有译文被机器"误伤"。二者结合评审出的优秀作品进入复评环节。其余语种的作品从第一轮人工初评开始，每一篇译文都会被随机分配到由两位评委组成的一个评审小组中进行分别评审后取平均分，如两位评委分差超过设定数值，提交三评处理。

从复评开始，所有译文的评阅都由终评评审专家组成员完成。所有的分数都采用标准化处理，避免因组别不同出现差异。初评（均有复核）遴选出10%的参赛者进入复评，复评再甄选出一定比例（50%或60%）的译文进入终评。每份译文均有两位评分员评分，上一轮（第二轮）评分为第一评分，第三轮评分为第二评分，两次评分差距若小于10分，则该译文最终得分为两轮的平均分；如果差距大于10分，则将此译文派发给第三人评分，第三人的评分与第一轮和第二轮评分中更接近的分数进行平均，以尽量规避或减少因人工评分员主观性引起的误差。另外需要说明的是，由于人工评分员评分宽严尺度存在一定差异，在计算两名及以上评分员评分差距之前，对所有人工评分进行标准化处理，以确保所有评分员的宽严尺度相同。

进入终审环节的译文均属较为优秀的译文，所以该环节以讨论为主，评审专家组以线上或现场比对讨论的方式进行评审，以求实现最大限度的客观公正，获得最大限度的共识。各语种的专家对进入终审的参赛译文进行细致磋商和严格把关，讨论评分，确认最终获奖的参赛译文。最后评选出一、二、三等奖和优秀奖。严格的评选过程确保了赛事的公平、公正，体现了韩赛的权威性和奖项的含金量。

韩赛评审专家对参赛译文质量的总体要求可总结为：理解准确，表达通畅，语体风格与原文一致。从原文选材可以看出，韩赛重点考查参赛者的翻译能力和语言文字功底。原文材料通常不存在太多冷僻深奥的术语或表达，除个别难点之外，理解原文一般不存在太大困难。因此，准确理解原文、译文与原文语体风格一致是韩赛评奖的重要标准。在表达方面，译语是否灵活变通、不拘泥于原文语言结构、表达符合目标语言文化习惯等，也是评审专家评价译文时聚焦的重要问题。总的来说，"忠实"和"通顺"是韩赛评选获奖参赛译文奉行的核心标准，也是中国译界遵循的主要翻译原则和标准。

值得注意的是，纵观韩赛30多年的发展历程，译文评析所反映的对译者的要求也随时间的推移不断发展变化。前10年的译文评析更多是从微观层面谈及译文语言和风格问题；中间10年开始有评审关注译者翻译实践背后的翻译原则观、标准观等，如"译者对相关的翻译理论和检验译作优劣的标准也要有所了解""在动笔翻译之前，参赛者必须制定正确的翻译原则和标准，用以指导翻译实践"。同时，这一时期随着网络技术的发展，不少专家开始留心译者对网络资源的掌握，如"当今时代的翻译工作者应该感到庆幸，因为现在有了互联网，很多翻译中的疑难问题都能通过网络查询获得解决"。近10年的韩赛译文评析中，除了有更多学者表明翻译理论在翻译实践中的作用，还提及标题翻译、注释的运用、标点符号使用等之前较为忽视的细节问题，并且从国家战略的高度对新时期译者提出新的要求和展望，如"党的十八大报告提出的一系列国家战略中，有许多国家战略直接需要高水平翻译人才来支撑"。这些都体现了韩赛评审在翻译实践、翻译理论、翻译质量评估、译者能力等方面不断深化认识、与时俱进的特点。

三、赛事准备与能力要求

作为中国翻译界组织时间最长、规模最大、影响最广的翻译大赛，韩赛以其严格的标准和对高质量翻译作品的追求而闻名，对参赛者的综合思维、外语水平等能力提出了很高的要求。

（一）深厚的语言功底

参赛者必须具备坚实的语言基础。这不仅仅指词汇量的丰富和语法结构的熟练掌握，还包括对语言的深层次理解，如文学修辞、语境的把握、习语和谚语的应用等。此外，参赛者应能够理解和运用不同的语言风格和语调，以适应原文的多样性。

1.词汇和语法：参赛者应具备丰富的词汇量和扎实的语法知识，能够准确理解和表达复杂的思想和概念。

2.文学和语言风格：了解和运用不同的文学风格和语言表达方式，能够根据原文的特点调整自己的翻译策略。

3.语言的深层次理解：超越字面意义，理解语言的隐喻、比喻、双关等修辞手法，以及它们在文化中的含义。

（二）文化敏感性和理解力

成功的翻译不仅仅是文字的转换，更是一种文化的传递。因此，参赛者需要对中华文化和目标语言所代表的文化有深入的理解和敏感性。这包括对历史背景、社会习俗、艺术传统以及日常生活方式的了解。在翻译过程中，能够准确捕捉并传达这些文化细节是至关重要的。

1.历史背景知识：深入了解相关历史事件、社会背景和文化传统，以便更准确地解释和翻译文本。

2.社会习俗和日常生活：对中外文化中的日常习俗、生活方式有深入理解，确保翻译时能够真实反映文化特色。

3.跨文化交际能力：在翻译中桥接文化差异，传递原文的文化内涵，使之适应目标语言的文化背景。

（三）良好的调查研究能力

在面对不熟悉的主题或文化背景时，参赛者需要展现出优秀的调查研究能力。这包括能够有效地利用各种资源，如图书馆、互联网、学术论文和专家咨询等，以增进自己对特定主题的理解。良好的调查研究能力能够帮助参赛者深入挖掘原文的背景，提高翻译的准确性和深度。

1.资料检索和分析：能够高效地搜集、分析并利用各种研究资料，以增强翻译的准确性和深度。

2.专业领域知识：对与翻译文本相关的专业领域有一定了解，或者有能力快速学习和掌握新知识。

3.解决疑难问题：面对翻译中的难题，能够独立思考和寻找解决方案，如文化差异、难懂的成语或特殊表达方式。

（四）创造性思维和适应能力

翻译过程中常常会遇到语言表达上的挑战，如原文和目标语言之间的不对等现象。在这种情况下，参赛者需要展现出创造性思维，找到恰当的方法来传达原文的意义，同时保持语言的自然流畅。这可能包括对句式的重组、同义词的灵活运用，甚至是文化背景的适当解释。

1.语言创新：在保持原文意思和风格的基础上，创造性地解决语言上的障碍和表达的误差等。

2.风格适应：根据目标语言的阅读习惯和表达方式，灵活调整翻译风格，使之既忠于原文，又符合目标语言的特点。

3.文化适应：在翻译过程中，恰当地处理文化差异，找到适合的方式，表达原文的文化元素。

（五）细致校对的能力

翻译完成后的校对同样重要。参赛者必须仔细检查自己的翻译作品，确保没有语法错误、书写错误或遗漏。校对过程还应包括确保翻译的一致性和连贯性，特别是在处理长篇文档时。这也涉及调整句子结构和词汇选择，以更好地适应目标语言的阅读习惯。

1.语法和拼写检查：确保翻译作品无语法错误、错别字或笔误，语言表达清晰准确。

2.风格和语调统一：在长篇翻译作品中，保持整体的风格和语调的统一性，确保文本的流畅性和一致性。

3.细节的准确性：对翻译中的专有名词、日期、地名等细节进行仔细校对，确保准确无误。

（六）时间管理能力

韩赛有严格的截止时间。因此，参赛者需要具备良好的时间管理能力，合理规划自己的翻译流程，确保能够在截止时间之前提交完整且高质量的作品。这包括合理分配时间，进行初步翻译、深入研究、校对和最终审稿。

1.计划和组织：有效地规划翻译流程，合理安排时间，以应对赛事的截止时间。

2.优先级判断：在翻译、校对和审稿等不同阶段合理分配时间，判别优先级，确保每个阶段都有充足的时间。

3.应对紧急情况：在面对意外情况或时间压力时，能够迅速调整计划，保证翻译质量和进度。

（七）对原作的尊重和理解

在翻译过程中，尊重原作的精神和风格是非常重要的。这意味着参赛者需要深入理解原作的内容、作者的意图以及文本的深层含义。在保持原文精神的基础上，进行恰当的语言转换，是评判翻译优秀的关键标准。

1.深入理解原文：全面理解原作的主题、风格、作者意图和文化背景，确保翻译忠实于原文。

2.适当的创造性调整：在尊重原作的基础上，根据目标语言和文化的特点，进行必要的创造性调整，以增强翻译作品的可读性和吸引力。

3.反映作者意图：确保翻译作品能够准确传达作者的意图，同时保留原文的情感和深度。

四、参赛回顾及经验总结

自韩赛设立西汉/汉西翻译以来，已历经六届。我校西班牙语专业学生积极参与其中，并在比赛中展现了出色的翻译能力。2017级研究生苏雨荷荣获第31届汉译西优秀奖，2020级研究生唐向洋荣获第32届汉译西优秀奖，2021级研究生马维伯荣获第34届汉译西二等奖。这些成绩的取得，充分展示了我校学生在翻译领域的扎实功底。

韩赛为我校西班牙语专业学生提供了一个展示翻译技能的舞台。通过参与这一全球性赛事，学生不仅有机会与世界各地的优秀译者交流学习，还能在实践中深化对翻译理论与实践的认识。基于过往的参赛经验，我们总结出以下几点参赛建议。

首先，坚实的语言基础是成功的关键。只有精通西班牙语和汉语的学生，才能更准确地理解原文的深层含义并表达出来。其次，广泛的文化知识储备也至关重要。理解文化背景有助于译者更好地捕捉和传达原文的细微差别。此外，持续的实践和反思是提高翻译技能的必要途径。通过不断实践并分析自己的翻译作品，可以不断提升翻译的质量。

参与国际翻译比赛等活动也为学生提供了宝贵的学习机会。这些活动不仅使学生了解翻译界的最新动态，还能让他们接触到更多样化的翻译任务，挑战自己的极限。同时，良好的时间管理和心理调节能力也是成功参赛的关键因素。学会有效分配时间，在面对压力时保持冷静，对于完成高质量的翻译工作至关重要。

总之，通过参加韩赛，我校西班牙语专业的学生不仅提升了自己的翻译技能，更重要的是学会了如何在不同文化之间架起沟通的桥梁。我们期待未来有更多学生加入这一挑战，不断提升翻译能力，促进国家高端翻译人才库建设，为国家翻译实践作出更大贡献。

"永旺杯"多语种全国口译大赛

申义兵　王子恒[①]

摘要："永旺杯"多语种全国口译大赛由中国翻译协会、北京第二外国语学院共同主办，旨在进一步提升我国高校翻译人才培养质量。截至2023年，该项赛事已成功举办十六届。本文从赛事简介、比赛流程与赛制、赛事准备与参赛步骤和我校参赛历程及成绩四个方面介绍该项赛事，以期为意欲参加此项赛事的读者提供帮助。

关键词：全国口译大赛；赛制流程；参赛策略

一、赛事简介

"永旺杯"多语种全国口译大赛首届比赛于2008年11月9日由中国翻译协会和北京第二外国语学院联合举办。十六载漫漫征途，赛事从首届仅开设英语和日语2个语种同声传译和交替传译共4个比赛项目，逐步发展成为开展日语、法

---

① 申义兵，四川外国语大学西方语言文化学院西班牙语副教授。王子恒，四川外国语大学西方语言文化学院2018级西班牙语语言文学硕士研究生，现为中国人民警察大学教师。

语、德语、俄语、韩国（朝鲜）语、西班牙语、阿拉伯语共7门语言交替传译比赛以及日语同声传译比赛的综合性多语种赛事，为国内（外）高校的在籍本科生或研究生（不包括在职人员）提供了个人语言能力和才华展示的高端平台。

（一）历史背景

2008年11月9日，首届全国高校口译邀请赛由中国翻译协会和北京第二外国语学院联合举办，并在北京第二外国语学院进行，比赛项目包括英语和日语2个语种同声传译和交替传译比赛，共有来自全国20所高校的学生参加了此次比赛。

在2009年举办的第二届比赛中，赛会增设了法语交替传译比赛。一年后，第三届比赛更名为"2010全国口译大赛——日语、法语邀请赛"，取消了英语同声传译和交替传译2个比赛项目。

在2011年举办的第四届比赛中，赛事更名为"全国口译大赛——第四届多语种邀请赛"，竞赛语种范围进一步扩大，新增德语、俄语、韩国（朝鲜）语3个交替传译比赛项目。2012年，第五届比赛将赛事更名为"第五届全国高校多语种口译大赛"，比赛项目保持不变。

2013年，在日本永旺（中国）投资有限公司的赞助下，赛事更名为"全国口译大赛——'永旺杯'第六届多语种邀请赛"，且自2014年的第七届比赛起，正式更名为"全国口译大赛——'永旺杯'多语种全国口译大赛"。第七届比赛一改往年"邀请赛"的模式，将初赛试题编辑成音视频，通过网络媒介同时开展各比赛项目，进一步扩大了大赛的参与范围，使"初赛"真正成为面向国内外所有高校学生的"海选"，形式上更加平等自由。[①]

在2016年举办的第九届赛事中，赛会增加了西班牙语交替传译比赛项目。2018年举办的第十一届赛事新增阿拉伯语交替传译比赛项目，赛事设置自此维持日语同声传译、日语交替传译、法语交替传译、德语交替传译、俄语交替传译、韩国（朝鲜）语交替传译、西班牙语交替传译和阿拉伯语交替传译8个比赛项目，并延续至今。

（二）宗旨意义

"永旺杯"多语种全国口译大赛举办的初衷，是进一步提高我国高校翻译人才培养质量，实现翻译教学、翻译研究与社会翻译实践的互动交流与有机结合。[②]比赛内容涉及政治、经济、文化、科技等领域，聚焦人类命运共同体、全球治理、国际合作、数字经济、文化产业、文化遗产保护、国际传播、科教兴国、人工智能及环境保护等热点主题，在考查选手口译能力的同时，关注其跨文化沟通能力，选拔出口译水平高超、知识储备丰富，能够沟通中外的国际人文交流人才。[③]自第九届大赛起，优秀获奖选手将入选中国外文局翻译人才库，推动了该项赛事的同时，也为我国未来翻译事业和对外业务储备了一定的优秀后生。

---

① 全国口译大赛——"永旺杯"第七届多语种全国口译大赛在二外举办，https://www.bisu.edu.cn/art/2014/11/19/art_1425_51422.html，最后登录时间：2024年3月22日。
② "永旺杯"第十六届多语种全国口译大赛公告 I，http://bta.bisu.edu.cn/art/2023/6/21/art_20142_314912.html，最后登录时间：2024年3月22日。
③ "永旺杯"第十六届多语种全国口译大赛圆满落幕，http://bta.bisu.edu.cn/art/2023/10/27/art_20169_322080.html，最后登录时间：2024年3月22日。

二、比赛流程与赛制

"永旺杯"多语种全国口译大赛分为初赛阶段、复赛阶段和决赛阶段，参赛选手可通过每届赛事大会发布的三个公告了解赛事相关信息。笔者将结合本人参赛经历，并以2023年举办的第十六届大赛为例[①]，分阶段介绍比赛流程与赛制。

（一）初赛阶段

根据第十六届大赛赛会发布的《公告I》《公告II》，可以了解到以下信息。

1.参赛人员：国内（外）高校的在籍本科生或研究生（不包括在职人员）。

2.报名方式：于2023年9月1日（周五）前将电子版报名表发送至各语种赛务组负责老师邮箱，各高校申请参赛选手需经学校推荐，每校每个比赛项目限报1名。

3.初赛形式：各语种赛务组将通过网络公开赛（限时）的形式组织，各语种各比赛项目分别选拔出不超过15名选手进入复赛。

4.初赛项目：日语交传、日语同传、法语交传、德语交传、俄语交传、韩国（朝鲜）语交传、西班牙语交传、阿拉伯语交传。

5.初赛时间：2023年9月13日（周二）至15日（周四）。

6.初赛结果（复赛名单）公布：复赛选手名单将于2023年9月30日之前在中国翻译协会主页、第十六届多语种全国口译大赛主页和北京市翻译协会微信公众号进行公示。[②]

---

① "永旺杯"第十六届多语种全国口译大赛公告 II，http://bta.bisu.edu.cn/art/2023/6/21/art_20142_314912.html，最后登录时间：2024 年 3 月 22 日。

② 大赛公告，http://bta.bisu.edu.cn/col/col20142/index.html，最后登录时间：2024 年 3 月 22 日。

结合笔者参赛经历，考虑到"每校每个比赛项目限报1名选手"的赛事规定，一般在每年春季学期期末前，各校各语种便会根据项目设置进行选拔，确定参赛人选，由指导教师带领学生进行参赛准备和赛前训练，并按照赛会要求在规定时间前报名。自2014年第七届比赛起，由于赛事不再采取"邀请赛"模式，各校各语种项目选手自初赛起便将与全国同行展开竞争。

初赛以网络公开赛（限时）的形式开展。笔者参赛时，各语种赛务组提前将参赛选手拉入相应的QQ群，在群中提前告知比赛时间。比赛时，赛务组会发布一整段试题录音，内含中译外和外译中两个环节，内容涵盖时政、经济、科学等多个领域，形式上几近于各语种CATTI口译考试，难易度与各语种CATTI三级口译考试相当。参赛选手须在播放试题录音的同时对本人翻译进行录音，并在规定时间内将本人翻译录音命名后上传QQ群，上传时间一般在试题录音播放后的5分钟内。音频上传完毕后，便开始耐心等待复赛名单的公布。

需要注意的是，各语种各比赛项目进入复赛名额不超过15个，这并不意味着为了赛事规模等其他因素，各语种各比赛项目进入复赛名额数量一定会为15个，这点可从历年赛会公告中予以查证。因此，随着参赛高校和选手数量的增加，各位参赛选手必须在初赛中全力以赴，不应抱有侥幸心理。

（二）复赛阶段

一般在9月底，初赛参赛选手便可通过赛会发布的《公告III》查询本人是否入围各语种项目复赛。公告中会一并将各语种各比赛项目入围的参赛选手及院校信息、复赛和决赛的时间予以公布，比赛地点常设在北京第二外国语学院。复赛参赛选手需缴纳参赛费800元，提前一天前往赛场签到，领取参赛材料，并于第二天早上开始复赛角逐。

复赛试题同样分为中译外和外译中两个环节，内容涵盖面更广，试题难度上升。笔者认为，难易度与各语种CATTI二级口译考试相当。参赛选手应依据录音进行翻译，评委则由来自外交部、新华社、中央广播电视总台、中央人民广播电台、中国国际广播电台、中央编译局、中国社科院等翻译界的知名专家、学者担任，通常为3人评委组。待全部15名参赛选手一一作答完毕，评委组会对所有选手的表现作统一点评，同时公布入围决赛的6人名单，未能入围决赛的9名选手至此获得优秀奖。在评委组讨论打分、其余人员退出赛场时，来自中央广播电视总台的CGTN频道记者和其他到场媒体可能会邀请他们感兴趣的选手进行采访，采访内容一般会在两天内见诸各大媒体平台。

（三）决赛阶段

未能入围决赛的9名参赛选手将在赛场全程观看6名参加决赛选手的表现。决赛评委组人数增至5人，新增的2名评委一般为各语种元老级人物或我国前任驻相关语种国家大使，这会给部分参加决赛的选手带来一定的心理负担。决赛题目难度更大，难易度稍欠于各语种CATTI一级口译考试，试题内容多为多年前业已定稿的中外方领导讲话稿，需要参赛选手运用简洁凝练的话语，在母语和外语这两种语言间精准还原，对参赛选手有相当高的能力要求。各语种各比赛项目的决赛设一、二、三等奖，分别设1名、2名、3名获奖者，这6名获奖者也同步入选中国外文局翻译人才库。与复赛一样，各路媒体会对相关选手进行采访。

三、赛事准备与参赛步骤

（一）学习阶段

语言学习乃日积月累而成，绝非一日之功。因历届参赛选手均为各校各专业本科高年级学生或硕士研究生，故而学习重点偏向高阶学习，其中包含了对语言层面的学习，更多的则是对知识面的扩充及短时信息加工能力的提升。以下以西班牙语为例，笔者将从语言储备和知识储备这两个层面分解学习阶段需关注的事项。

1.语言储备

语言层面的储备不单单指对单词、语法的综合掌握，更多的是指灵活运用听力、翻译锻造而成的综合素质，由此提高译文产出的质效。

（1）单词层面

建议参赛选手具备西班牙语专业八级或DELE C1级别的单词量，即能够熟练掌握并运用8000～10000个单词。充足的单词量是参赛选手的底气和基本盘，至少能够保证选手在比赛中有能力将听到的试题内容翻译出来，而非一脸茫然地看向台下的评委和媒体记者不知所措。需要强调的是，参赛选手不应仅仅追求单词量的达标，而应在备赛期间多补充一些专有名词及常用固定搭配，包括且不限于常用短语、句子、句式及面对不会翻译之处时，较为合适地将当前翻译顺下去的应急用语，以备赛时之需。

（2）语法层面

语法，遣词造句之基。在学习阶段，参赛选手的目标不应仅仅停留在熟练掌握运用各项语法知识点，而是要在尽可能短的时间内对句子各项成分进行编排。从而，在比赛中面对各类长难句时，能迅速准确地做出判断，在极短时间内对题目进行语法点拆解的同时，将译文用正确、适当的语法串接起来。

（3）听力层面

对于参赛选手而言，无论是交传还是同传，听力水平都是十分关键的一环。如果连题目都不能完整地通过听力翻译出来，那么毫无疑问，译文将偏离原文，轻则内容缺失，重则文不对题。因此在备赛时，参赛选手应通过各种合法渠道收集国内外音视频并多加训练，熟悉我国及相关语种国家重要政治人物、知名人物及平常百姓说话的口音，适当抓取重点，总结发音规律，避免在比赛中因为听力原因导致译文与赛题原文产生偏差。

（4）翻译层面

"信、达、雅"作为翻译需遵循的一项准则，或是一条标准，体现了翻译的不同层级。而要想做到"雅"，则上文所说的单词、语法、听力这三项能力必须过关，否则连翻译中最基本的"信"和"达"都无法实现。在比赛中，因交传和同传在本质上都需对赛题内容进行短时输入后输出，如果能在"信"的基础上兼顾"达"，甚至是"雅"，那绝对是出彩的。但要达到这一境界，离不开日常反复的专项练习，形成长时记忆和部分惯性反应，从而具备瞬间识别待翻译内容并正确译出的能力。

图1　译文的构成

2.知识储备

考虑到赛题内容的多样性、包容性和专业性，除进行日常语言学习和练习外，参赛选手也应通过多种渠道拓展自己的学习半径。为扩大知识信息面，参赛选手可通过人民网、新华网、CGTN、外国政府官网及中外文官媒平台多多了解、储备、记忆新闻信息。以笔者为例，在第十一届西班牙语交传复赛中遇到了以当年在重庆举办的智博会为主题的材料。如果事先没做一定的了解和准备，现场翻译时，也许在字词层面上的考究没有问题，但在整体文段结构把握上可能就没有那么自然，在用词的精准度上也可能没有那么贴切官方原文。同时，参赛选手应补充一定的相关语种国家地区浏览量较大的各类信息，避免比赛时猝不及防。

（二）练习阶段

1.普适性练习

普适性练习是指从单词、语法、听力、翻译这四个层面，逐步从基础练习过渡到高阶练习，从无计时模式转换到赛规模式，对参赛选手的语言基底进行持续塑造。在此期间，应着重对翻译技巧和翻译反应能力进行训练。针对翻译技巧的训练可以紧扣各语种翻译教材，在借助教材上的案例进行初步练习后，从中外主流媒体的相关报道中摘取合适的文段，模仿比赛赛制进行进阶练习。需要注意的是，在做练习前准备时，被分割的语段不应过短，各语段以2～4句为宜，以20～40个汉字或20～50个外文词汇为宜，从而在练习中习惯并提前适应比赛节奏，实质提升备赛效果。

2.针对性练习

针对性练习是指根据赛会给出的样题，了解出题方向，推测试题内容，在普适性练习的基础上缩小备赛题材范围。截至目前，参赛选手可以在北京第二外国语学院"首都对外文化传播研究院"的官网上获取赛题[①]，但仅有日语交替传译、法语交替传译、德语交替传译、俄语交替传译、韩国（朝鲜）语交替传译、西班牙语交替传译这6个项目的赛题，均只有1份且赛题年代久远，除西班牙语交替传译项目提供了2016年的赛题，其余5个项目提供的是2014年的赛题。官网尚未提供日语同声传译和阿拉伯语交替传译这2个项目的赛题。这些样题可以帮助参赛选手把准方向，将精力更多地集中在各语种比赛项目的重点上，从而在日常学习中节省不必要耗费的精力。

（三）参赛阶段

1.赛前阶段

赛前阶段主要是指报名阶段和赛前准备阶段。其中，报名阶段已在上文提及，但需要注意的是，参赛选手必须通过所在学校推荐报名，且每校每个比赛项目限报1名。因此，有意愿参赛的需提前联系校内相关负责老师，并确认是通过校内举行选拔赛的方式选取参赛人员，还是直接选定参赛人员。在赛前准备阶段，则应按照上文所提，通过语言储备和知识储备这两个方面进行赛前准备。通过初赛后，入围复赛和决赛的选手仍有近一个半月的准备时间。入围选手可利用这段宝贵的时间，在夯实语言基础、翻译能力和反应速度的同时，针对近年来发生的重大事件进行归类汇总，着重抓取相关重点词汇、短语、语段，扩充信息知识面，确保复赛时不会因题材内容不熟悉而导致惊慌失措，影响反应速度和翻译内容。此外，参赛选手和指导老师的配合至关重要，从赛前校内选拔到选拔后的指导，都决定着参赛选手备赛的充分程度和专业水平。

---

① 比赛样题，http://biic.bisu.edu.cn/col/col2784/index.html，最后登录时间：2024 年 3 月 22 日。

2.参赛阶段

（1）初赛

初赛阶段的考查点主要在于参赛选手的基本语言素质和功底。赛题难度不会很大，但极其考验参赛选手对译文的把控，主要考查对试题原文中特定词汇语段的翻译准确度和对译文语篇结构的建构合理度。相较于专业因素，笔者认为，在初赛阶段更重要的反而是一些看似微不足道的细节。

为确保上传录音没有除译文之外的杂音，确保录音听起来不会太飘，预订一个安静而面积又相对不是太大的空教室或录音室就显得尤为重要。为确保在初赛比赛期间没有他人打扰，在教室前后门贴上"教室内正在进行比赛"等类似的告示纸条能很好地阻隔外部干扰因素。同时，为了顺利在指定时间内上传录音，除确保个人设备（多为手机）和教室场地网络信号的通畅外，还应提前根据赛事规则，自行开展模拟练习。应及时建立相应应急处理机制，若遇突发情况，可避免因客观因素导致超时上传而被取消参赛资格。

（2）复赛

在确认进入复赛后，在优化赛题范围锚定、提升备赛质量的同时，参赛选手也需关注一些赛前保障工作，如根据赛务手册要求预订来回车票、确定住宿地点等。在复赛赛前一天抵达比赛地，也就是北京第二外国语学院后，一般赛会会安排统一的食堂为参赛选手和指导教师供应自助晚餐，其间可以与其他参赛选手和指导教师进行交流。晚餐后，参赛选手则应根据自己的习惯为第二天的复赛做准备，但也应好好休息，避免在现场出现身体不适的情况。

在第二天早上进入复赛准备室后，赛务组将组织复赛选手抽签，以此决定出场顺序。因所有参赛选手在进入准备室前已将所有个人物品放置在教室外，如果抽签顺序靠后，应进行一些自我调节，趴在桌上补觉就是一个很常见的做法。

进入赛场后，建议参赛选手应保持自信和微笑，可向评委致以如"各位评委早上好"等简短的问候后落座。在确认桌上纸笔可用后，可向评委表示已经做好准备，而不是让评委观察揣测选手是否做好比赛准备。在比赛中，遵循录音引导进行翻译，如果确实因未能听清或瞬间忘词等突发情况，则建议用提前准备好的应急用语将译文顺过去。

赛后，参赛选手根据赛务组要求离开比赛现场，与之前完赛的选手在提前准备的空教室相聚并互相交流、互留联系方式。在所有选手比赛结束且评委组打分后，所有复赛选手回到赛场接受评委组点评并确认决赛选手名单。

（3）决赛

作为复赛的延伸，在决赛层面，参赛选手比拼的除了个人能力，更多的是专注度。

复赛结束后，赛务组会在候考场为所有复赛选手发放盒饭。决赛参赛选手要做的就是抓住饭后至下午决赛中间的空当，完成休息和临阵磨枪两件要事。在此期间，可以阅览相关备赛资料。

在决赛中，正常发挥即是超常发挥，超常发挥可遇不可求。如果参赛选手能在决赛中认真践行上午复赛结束后评委提出的意见建议，规避较为明显的语言错误，则算是顺利圆满地完成了决赛。在决赛中，包括在此前的初赛和复赛中，做好自己便是最大的成功。

3.赛后阶段

决赛后，赛会将在报告厅举办闭幕式并按语种项目公布获奖名单。获优秀奖的参赛选手集中颁奖，获各语种项目一、二、三等奖的参赛选手由嘉宾颁奖。闭幕式结束后，赛会组织所有参赛选手和指导教师在大阶梯上合影留念，比赛至此结束。

赛后，更重要的是吸取在比赛中的经验教训，并用于个人未来的学习、比赛、实践乃至毕业后的工作中。而在比赛时结交的同语言乃至其他语言的同行及专家，包括赛后回校处理报销等其他相关事项，则是个人未来成长道路上的宝贵财富，有极大的锻炼价值和意义。从赛前准备到比赛结束，这一路走来的经历必定会让参赛选手收获颇丰。

四、我校参赛历程及成绩

通过查询北京第二外国语学院首都对外文化传播研究院官网①、北京市翻译协会官网②及相关网站，我校历届参赛获奖名单详见表1。因部分年份赛事官方未在网站发布详细获奖名单，且自近几届比赛起才公布优秀奖获得者，因此表1内未能涵括部分优秀校友，还请读者和相关人士予以提醒及补充，笔者在此深感歉意。

表1　我校参加历届比赛获奖统计表

序号	姓名	届次	年份	项目	奖项
1	廖崇骏	2	2009	英语同传	二等奖
2	傅唯佳	9	2016	德语交传	二等奖
3	李静茹	10	2017	德语交传	二等奖
4	余思聪	10	2017	西语交传	优秀奖
5	余思聪	11	2018	西语交传	优秀奖
6	粘亚晴	12	2019	日语同传	二等奖
7	王子恒	12	2019	西语交传	优秀奖

---

① 首都对外文化传播研究院，www. http://biic.bisu.edu.cn，最后登陆时间：2024 年 3 月 22 日。

② 北京市翻译协会，www. http://bta.bisu.edu.cn，最后登录时间：2024 年 3 月 22 日。

序号	姓名	届次	年份	项目	奖项
8	宋王欣	13	2020	日语交传	优秀奖
9	谢雨辰	13	2020	德语交传	三等奖
10	叶展宏	13	2020	西语交传	三等奖
11	许函睿	13	2020	俄语交传	三等奖
12	姚梦颖	13	2020	阿语交传	优秀奖
13	张晓伋	14	2021	日语同传	优秀奖
14	杜倩	14	2021	日语交传	优秀奖
15	赵蓉	14	2021	德语交传	三等奖
16	胡馨月	14	2021	俄语交传	优秀奖
17	王翔	14	2021	韩（朝）语交传	优秀奖
18	蒲龙君	14	2021	西语交传	优秀奖
19	林文昊	14	2021	阿语交传	优秀奖
20	乐宇梵	15	2022	日语同传	一等奖
21	张晓伋	15	2022	日语交传	优秀奖
22	刘西龙	15	2022	法语交传	三等奖
23	刘佳毅	15	2022	德语交传	三等奖
24	王浩宇	15	2022	俄语交传	三等奖
25	孙晓妍	15	2022	韩（朝）语交传	优秀奖
26	白晓晖	15	2022	西语交传	优秀奖
27	范小婕	16	2023	日语交传	优秀奖
28	李晓锋	16	2023	德语交传	优秀奖
29	姚俊丞	16	2023	俄语交传	二等奖
30	金雪艳	16	2023	韩（朝）语交传	三等奖
31	董晶	16	2023	阿语交传	优秀奖

"外研社·国才杯""理解当代中国"
全国大学生外语能力大赛

倪 妍[①]

摘要："外研社·国才杯""理解当代中国"全国大学生外语能力大赛基于已有20余年办赛历程的外研社英语系列赛事发展创新，于2023年3月启动，由北京外国语大学主办、外语教学与研究出版社承办。大赛考查演讲、写作、阅读、翻译等多种外语应用能力，展现高校外语教学成果，打造赛教融合育人模式，助力培养有家国情怀、有全球视野、有专业本领的国际化高层次外语专业人才和复合型外语人才。本文从赛事简介、比赛赛制与参赛步骤、西班牙语组赛事安排、赛事考查能力与准备、备赛资料推荐五个方面着手，对该比赛进行详细介绍，分析比赛规则，挖掘比赛内涵，旨在为选手提供力所能及的备赛思路。

关键词：理解当代中国；综合竞赛；西班牙语

---

① 倪妍，四川外国语大学西方语言文化学院2020级西班牙语本科生，现为上海外国语大学2024级硕士研究生。

一、赛事简介

为深入贯彻党的二十大精神，落实立德树人根本任务，推动"三进"工作纵深发展，为国家培养更多有家国情怀、有全球视野、有专业本领的高水平国际化人才，提高新时代我国国际传播人才自主培养能力，服务国家参与全球治理、推动构建人类命运共同体，在上级主管部门指导和支持下，北京外国语大学于2023年5月至12月举办2023首届"外研社·国才杯""理解当代中国"全国大学生外语能力大赛。此次大赛是基于已有20余年办赛历程的"外研社·国才杯"英语系列赛事发展创新，多语种组为新增组别。本次多语种组大赛涵盖俄语、德语、法语、西班牙语、阿拉伯语、日语、意大利语、葡萄牙语8个语种。大赛以"理解中国，沟通世界"为主题，立足中国国情、放眼全球发展，引导选手理解中国之路、撰书中国之治、阐明中国之理、传递中国之声。大赛的总体宗旨主要有以下三点。

1.推动"三进"工作，创新课程思政。以大赛为引领，深入推进"三进"工作，坚定"四个自信"。大赛赛题有机融入《习近平谈治国理政》多语种版本、党的二十大报告多语种版本、"理解当代中国"多语种系列课程以及相关时政文献等重要内容，创新课程思政模式，将价值塑造、知识传授和能力培养融为一体，切实推动"三进"工作落地落实。

2.深化教育改革，培育外语人才。以大赛为动力，推动外语知识体系、课程体系建设和教材体系创新，构建高质量育人育才体系。大赛考查演讲、写作、阅读、翻译等多种外语应用能力，展现高校外语教学成果，打造赛教融合育人模式，助力培养有家国情怀、有全球视野、有专业本领的国际化高层次外语专业人才和复合型外语人才。

3.讲好中国故事，服务国际传播。以大赛为平台，展现可信、可爱、可敬的中国形象，展现积极向上、奋斗激扬的中国青年力量。大赛依托各类媒体平台，不断提升高校参与度、社会认知度和国际关注度，组织高校青年学子运用多语种向国际社会生动阐释中国之路、中国之治、中国之理，广泛传播中国主张、中国智慧、中国方案，为推动中国更好走向世界、世界更好了解中国作出贡献。

而针对西班牙语，其宗旨则侧重于：引导大学生理解当代中国，深刻领会习近平新时代中国特色社会主义思想的核心要义，关注国内国际时事，加深对中国理论和中国实践的认识，能够用中国理论解释中国实践；加深对中国特色话语体系的理解，能够向国际受众分享中国改革与发展的经验与智慧；学会用中国理论观察和分析当代中国的发展与成就，培养语言综合运用能力、跨文化能力、思辨能力、创新能力等，提高用外语讲好中国故事的能力；推动高校西班牙语教学改革与创新，为培养堪当民族复兴大任的高素质国际化外语人才作出贡献。

二、比赛赛制与参赛步骤

（一）大赛赛制

"外研社·国才杯""理解当代中国"全国大学生外语能力大赛设置英语组和多语种组两大组别。采用校级初赛（简称校赛）、省级复赛（简称省赛）、全国决赛（简称国赛）三级赛制。英语组校赛和省赛设置演讲、写作、阅读、翻译（分笔译、口译）分赛项，国赛第一阶段设置以上分赛项，第二阶段为国际传播综合能力赛。多语种组各语种不设置分赛项。

（二）参赛资格

1.英语组：全国普通高等学校全日制在校本科生、硕士研究生和外籍留学生。

2.多语种组：全国普通高等学校相应语种的全日制在校外国语言文学类专业本科生、硕士研究生及翻译硕士专业学位研究生。

（三）组织机构

1.大赛由北京外国语大学主办，外语教学与研究出版社（简称外研社）承办；

2.大赛设立组织委员会（简称大赛组委会），负责大赛组织工作。各地须于2023年5月31日前成立本地省赛组织委员会（简称省赛组委会），统筹大赛的组织与实施等工作；

3.大赛设立顾问委员会，为大赛定位及发展方向等提供指导建议；

4.大赛设立专家委员会，负责大赛学术指导、命题及评审等工作；

5.大赛设立纪律与监督委员会，负责对大赛的组织、评审等相关工作进行监督，对违反大赛纪律的行为予以处理。

（四）赛程安排

3月启动大赛。

校赛：5月至10月，由各院校自行组织。院校须于本省规定的省赛报名截止时间前在大赛官网（https://ucc.fltrp.com）填报省赛晋级名单。

省赛：10月至11月，由各省赛组委会组织实施，可由本地外语教学指导委员会或外语教学研究会协办。英语组省赛由本地院校承办，多语种组省赛由外研社线上承办。

国赛：11月至12月，由北京外国语大学主办，外研社承办。

（五）奖项设置及晋级名额

1.校赛：奖项设置及获奖比例由各校决定。各校晋级省赛的名额由各省赛组委会分配。

2.省赛：设置金、银、铜奖，获奖比例由各省赛组委会决定。鼓励各地在英语组演讲、写作、阅读赛项设立国才考试外卡赛通道，为更多学子提供省赛参赛机会。如设立外卡赛通道，则该地该赛项在现国赛名额基础上增加1名。省赛设置指导教师奖、优秀组织奖。

3.国赛：各语种设置冠军1名、亚军1名、季军1名，金、银、铜奖若干名。英语组国赛共设置奖项2000名（含国才外卡赛名额）；多语种组国赛共设置奖项500名，其中俄语组80名，德语组40名，法语组60名，西班牙语组40名，阿拉伯语组30名，日语组200名，意大利语组20名，葡萄牙语组30名。具体名额见比赛方案。国赛设置指导教师奖、优秀组织奖。

（六）大赛赛题

1.以"理解中国，沟通世界"为主题，引导选手深入领会习近平新时代中国特色社会主义思想的核心要义，理解中国之路、中国之治、中国之理，涵养家国情怀、全球视野，拓展知识广度、思想深度，展现外语能力、跨文化能力、思辨能力、创新能力等综合素养。

2.各语种根据语种特点、课程开设情况和学生水平等因素制定本语种赛题。

三、西班牙语组赛事安排

（一）竞赛内容

赛题涵盖习近平新时代中国特色社会主义思想核心内容，涉及经济建设、政治建设、文化建设、社会建设和生态文明建设等领域的重要话题，考查形式包括阅读、写作、演讲、汉西笔译、汉西口译等。部分赛题素材选自《习近平谈治国理政》第一卷、第二卷、第三卷、第四卷和党的二十大报告等。

（二）大赛安排

1.校赛

（1）参赛注册：大赛官网于2023年6月1日起开放参赛报名页面。参赛选手须在大赛官网的"选手报名/参赛"页面注册报名。

（2）组织方式：各参赛院校自行组织选拔。参赛院校须指定校赛管理员，负责大赛官网中的本校赛务管理工作。

（3）比赛时间：5—10月。

（4）比赛题目：可设置阅读、写作、演讲、汉西笔译、汉西口译等形式，赛题由参赛院校自定。

（5）晋级名额：每校选拔2名选手晋级省赛。

2.省赛

（1）组织方式：各省赛组委会组织，外研社线上承办。

（2）比赛时间：10—11月。

（3）比赛题目：包括综合试卷及定题演讲两部分。综合试卷包括阅读客观题若干道、汉西笔译2篇、写作1篇，赛题由大赛组委会提供；定题演讲要求选手根据大赛组委会公布的定题演讲题目进行2分钟演讲。

（4）比赛方式：登录大赛官网赛事系统作答。

（5）晋级名额：各地晋级国赛名额由大赛组委会分配。

3.国赛

（1）比赛时间：11—12月。

（2）比赛环节：分为两轮。

①第一轮：汉西口译+定题演讲（2分钟）+回答问题。本轮比赛选拔15名选手晋级下一轮。

②第二轮：汉西口译+即兴演讲（2分钟）+回答问题。

（三）奖项设置

1.校赛选手奖项：奖项设置及获奖比例由各校决定。

2.省赛选手奖项：设置金、银、铜奖，获奖比例由各省赛组委会决定。指导教师奖项：获奖选手的指导教师获得相应奖项。优秀组织奖：校赛组织工作或省赛成绩突出的院校获得优秀组织奖。

3.国赛选手奖项：设置金奖（含冠、亚、季军各1名）5名，银奖10名，铜奖25名。指导教师奖项：获奖选手的指导教师获得相应奖项。优秀组织奖：国赛成绩突出的院校获得优秀组织奖。

（四）样题展示

所有试题内容均来自《习近平谈治国理政（西班牙文版）》第一至四卷、《西班牙语读写教程》"理解当代中国"西班牙语系列教材。

1.省赛（重庆市）样题

西班牙语组省赛包括定题演讲和综合试卷两部分，总分140分。比赛总时长为130分钟，每部分的比赛作答时间由选手自行调配。主要题型包括——

（1）定题演讲：满分40分，演讲时长不超过2分钟。

（2）阅读理解：满分40分，共4篇文章，第1篇阅读理解，第2篇完形填空，第3篇选词填空，第4篇选句填空。

（3）汉译西：两段文字，每段15分，共30分。

（4）写作：满分30分，不少于200词。

2.国赛样题

第一轮

（1）口译部分（汉译西）：满分45分，回答时长3分钟。包括——

①概念翻译：4道题，每题4分，共16分。

②短句翻译：2道题，每题7分，共14分。

③短文翻译：1道题，共15分。

（2）定题演讲：以中国式现代化五个方面为切入点进行自命题演讲。满分40分，回答时长2分钟。

（3）回答问题：措施导向性问答，中心词为"粮食安全"。满分15分，回答时长2分钟。

第二轮

（1）口译部分（汉译西）：满分40分，回答时长4分钟。包括——

①视频翻译：满分20分，视频时长1分钟左右。

②音频翻译：满分20分，音频时长30秒左右。

（2）即兴演讲：根据抽中图片内容，结合自身经验进行表述。满分40分，回答时长2分钟。

（3）回答问题：满分20分，回答时长2分钟。评委根据选手的演讲进行提问，无准备时间。

（五）国赛第二轮评分维度及标准

环节	评分维度	评分标准
汉外口译 （40分）	内容（60%）	内容翻译完整、信息忠实原文。
	表达（30%）	语法、词汇表达准确。
	语言（10%）	语音语调正确、语言表达流畅。
即兴演讲 （40分）	内容（50%）	紧扣主题，立意新颖，内容积极生动丰富，论据充分切题。
	语言（40%）	用词准确恰当，切合内容，语言形式丰富，语音语调纯正，语速适中。
	表现力（10%）	台风自信，表情自然，举止得体，有感染力。
回答问题 （20分）	内容（60%）	准确理解问题意思，回答准确、完整，能对问题涉及的内容阐述自己的观点，论据切题，有一定拓展。
	语言（40%）	用词准确恰当，语法正确，条理性强，语言形式丰富，语音语调纯正，语速适中。

四、赛事考查能力与准备

（一）校赛阶段

多语种组校赛由各高校自主命题，各高校对选手的能力考查各有不同。

（二）省赛阶段

多语种组省赛包括综合试卷和定题演讲两部分，旨在对选手进行综合全面的考查，涉及说、读、写、译四个方面，既考验选手的外语基础，也要求选手深刻领会习近平新时代中国特色社会主义思想的核心要义，关注国内国际时事，加深对中国理论和中国实践的认识，加深对中国特色话语体系的理解，学会用中国理论观察和分析当代中国的发展与成就。

综合试卷包括阅读客观题、汉外笔译和写作。阅读客观题共有三道，分别是理解题、完形填空和选择句子填空，汉外笔译为两段政治文本的外译。综合试卷的题型结合了专业四级和专业八级的特色题型，既包含专四的词汇完形填空、阅读理解、汉译西，也囊括专八的阅读理解与写作。

定题演讲考查的几点分别为：抓住题眼、理解关键词、结合个人经历、讲好故事。2023年省赛定题演讲题目的关键词非常突出——中国式现代化，同时赛题中也给选手提供了五个讲演领域——人口规模巨大、全体人民共同富裕、物质文明和精神文明相协调、人与自然和谐共生的现代化、走和平发展道路，在读题阶段出题者并没有给大家设置障碍，因而定题演讲考查的重点在于后面几个阶段。

首先，选手需要对中国式现代化有正确且深刻的理解。中国式现代化的特点是什么？为什么要提出中国式现代化这一概念？中国式现代化目前的进展如何？通过一系列自我提问，选手也能大概厘清这一概念，并选定合适的讲演领域。

接下来，选手需要将目光投向自身与身边，根据自己选定的讲演领域，挑选与之相关的个人经历，找到与题目的共情点，确立研究主题。虽然是叙述个人经历，但也不能是流水账讲述，要时刻将题目关键词放在心中，围绕关键词进行叙述，直接点题与间接点题相结合。

最后，选手要扩大视野，从聚焦个人到放眼全国，宏观寻找与自己演讲主题相契合的案例，尽可能多领域、多层次，回归国家层面。

总而言之，针对2023年定题演讲赛题，可以采取由大及小、以小见大、回归宏观的演讲布局，既要有个人思考、个人经历，也要有宏观思想、国家战略高度。

除此之外，多语种组省赛定题演讲也会着重考查选手的外语能力与表现能力。外语能力包括选词是否准确恰当，语音语调是否纯正，语速是否适中。省赛的定题演讲要求选手坐着演讲，因而表现能力主要考查表情是否自然，讲解是否自信，有无感染力。

（三）国赛阶段

1.国赛第一轮

国赛第一轮分为汉外口译、定题演讲和回答问题，对选手的考查已经从外语基础能力进阶到逻辑思考能力、反应能力和表达能力。

汉外口译为文字视译，包括短语口译和段落口译，该环节主要考查三点：对政治文本的掌握、对中国理论的理解、口译能力。选手需要大量背诵政治文本，日积月累，做到对政治术语与基本结构框架心中有数，但不能仅仅停留在死记硬背的阶段，需要对文本内涵进行深入理解。以2023年汉外口译第一题为例，选手不仅需要说出"四个自信"对应的西班牙语翻译，还需要对其具体内容进行解释，即"四个自信"指中国特色社会主义道路自信、理论自信、制度自信、文化自信。面对段落口译时，选手要能迅速理清思路，梳理语句间的逻辑关系，将汉语语序切换为西语语序，明确时态与主要动词，同时兼顾准备时间与录制时间。

定题演讲题目与省赛题目一致，仍为2分钟演讲时间，唯一不同在于选手需要站立演讲，这对选手提出了两个新要求：需要迅速站到合适位置，既满足录制要求，也最好地展示个人形象；站立演讲对表现能力提出更高要求，台风是否自信、动作是否大方、举止是否得体，这些都是打分的依据。

回答问题为即兴回答，作答时间为2分钟，准备时间为2分钟，选手作答时可以看笔记。这一环节着重考查选手的思辨能力与谋篇布局能力，同时也考查选手对政治术语的积累和理解。以2023年回答问题的题目为例，题目的关键词为"粮食安全"，选手只有对这一概念有所了解，才能有话可说、有策可献。选手首先需要阅读理解文段，提炼关键词，明确题目要求，是就某一观点谈谈个人看法，还是针对某一问题提出解决办法，在短暂的准备时间里梳理回答思路，确保有逻辑、有层次、有内容。小建议：善用连接词可以从外部增强回答的逻辑性。

2.国赛第二轮

国赛第二轮包括汉外口译、即兴演讲和回答问题，对选手的考查进一步深入，以综合语言能力为基础，着重考查选手的反应能力、头脑风暴能力和心理素质。

汉外口译包含视译题1道、听议题1道，每道题播放1遍，赛题播放期间选手可进行记录，每题播放完毕后选手有1分钟准备时间，每题翻译时长2分钟。原始音视频文本均为长段、完整的政治文本，主要考查选手速记能力、对政治术语的掌握情况、对主题的把握、对语段整体逻辑的理解、快速的文本梳理能力以及口译策略的灵活运用，引导选手掌握中国话语和叙事体系，对外讲好中国故事、传播好中国声音。

即兴演讲流程为选手在备赛室抽题，准备时长4分钟，进入赛场即开始演讲，演讲时长2分钟。即兴演讲与国赛第一轮的即兴回答问题有相似之处，但对选手要求更高，题目的开放度更大，给选手以充分自由，但也意味着缺少提示和指引，选手需要自行寻找方向、确定主题，构思一篇完整的演讲，十分考查综合语言能力、表达能力和即时信息处理能力。

附录：备赛资料推荐

（一）网站推荐

中华人民共和国外交部官网西语版、新华网西语版、人民网西语版、中国共产党历史和文献网、上海外国语大学党的二十大报告多语种查询平台等。

（二）图书推荐

1.高等学校"理解当代中国"西班牙语系列教材；

2.《中国关键词》（汉西对照）系列；

3.《拉美文化概论》《西班牙—拉美文化概况》《拉美黄皮书：拉丁美洲和加勒比发展报告（2021—2022）》《感受拉丁美洲》《拉美专家看中国系列》。

中西部外语翻译大赛

李江涛①

摘要：中西部外语翻译大赛由中西部翻译协会共同体、全国多个翻译协会共同主办，是全国翻译比赛中具有权威性、专业性和公信力的多语种翻译赛事。大赛以提高外语学习者语言运用能力和翻译能力，提升其对外传播和讲好中国故事的能力，培养"一带一路"倡议的外语翻译人才为主旨，已经成功举办八届赛事。本文从赛事简介、赛事安排、赛事准备与参赛步骤、参赛能力、我校历年成绩五个方面着手，介绍中西部外语翻译大赛，特别是西班牙语组的基本情况、赛事规则和题目特点、赛事筹备步骤、赛事要求能力等内容，为有意向参与该项大赛的师生提供备赛参考。

关键词：中西部外语翻译大赛（西班牙语组）；赛事流程；准备步骤；能力要求

---

① 李江涛，四川外国语大学西方语言文化学院2022级西班牙语笔译硕士研究生，现为葛洲坝集团翻译。

一、赛事简介

中西部外语翻译大赛是由中西部翻译协会共同体指导发起，重庆翻译协会、四川省翻译协会、深圳市翻译协会、上海市科技翻译学会、陕西省翻译协会等多地译协联合组织学术指导，中西部翻译协会共同体秘书处承办的全国性多语种翻译赛事。作为专业、权威、极具公信力的多语种翻译赛事，中西部外语翻译大赛已成功举办八届，累计参赛者数十万人次，为社会发掘和培养了大批优秀的翻译人才。2023年第九届中西部外语翻译大赛，按研究生、本科和高职高专，英语和小语种，英语专业和非英语专业，笔译和口译，组织专家分组别命题、评审和评奖。奖项分设参赛选手奖（特等奖、一等奖、二等奖、三等奖和优秀奖）、院校优秀组织奖、优秀指导教师奖等。该赛事始终秉持"以赛促学、以赛促教、以赛促岗、以赛促研"的理念，每年吸引来自全国650余所高校的数万名选手参赛，反响良好，深受广大师生欢迎。

该赛事旨在提高外语学习者的涉外语言运用能力和翻译能力，提升外语学习者的对外传播和讲好中国故事的能力，促进中西文明互鉴，加强中西部地区译协和高校的合作、交流与融合，培养"一带一路"倡议的外语翻译人才，为中西部地区及全国其他区域、相关单位选拔推荐优秀翻译人才。

由于中西部外语翻译大赛多年高质量的办赛成果，赛事被选入由中国外文局CATTI项目管理中心和中国外文界平台联合发布的《2023国内翻译赛事发展评估报告》，报告对国内主流外语翻译赛事进行了问卷调查和多维度评估，选出了综合水平最高的30项国内主流外语翻译赛事。问卷数据显示，有10.40%的同学参加过中西部外语翻译大赛，排名第六；同时，大多数参赛同学表示，参加大赛除了能提升个人能力，对于学业和升学也有一定的帮助。

二、赛事安排

（一）大赛类别和组别

中西部外语翻译大赛分"英语"和"非通用语种"两大类别：英语大类分为英语专业研究生笔译组、英语专业本科生笔译组、英语专业口译组、非英语专业笔译组、英语笔译专科组、非英语专业口译组、英语口译专科组七个组别；非通用语种大类分为日语组、法语组、德语组、俄语组、西班牙语组五个组别，其中西班牙语组适用的参赛对象为各层次院校西班牙语专业研究生、本科生、专科生及西班牙语翻译爱好者。

（二）大赛形式和题型

英语类别分口译和笔译两大项目，而非通用语种类别只设笔译项目；英语和非通用语种两个类别的所有组别均设初赛和决赛两个环节；初赛和决赛均采用在线闭卷答题形式，其中初赛试题全部为客观题（单项选择题），决赛试题为主观题；原则上采用独立网考方式（自行选择教室、图书馆、宿舍等地点，在限定时间内完成比赛即可），条件允许的学校或单位可组织集中网考。

其中，西班牙语组初赛题型为客观题（单项选择题），满分为100分，时间为60分钟，分为2种题型40道题：西译中单项选择题（20道题，每题2.5分，共计50分），即给定一个西班牙语句子，从四个选项中选择最佳中文译文；中译西单项选择题（20道题，每题2.5分，共计50分），即给定一个中文句子，从四个选项中选择最佳西班牙语译文。

西班牙语组决赛题型为主观题（篇章翻译），满分为100分，时间为120分钟，分为2种题型2道题，不允许使用电子词典。西译中篇章翻译（1道题，50

分），将两段或一篇约400个单词的西班牙语篇章翻译为中文；中译西篇章翻译（1道题，50分），将两段或一篇约300汉字的中文篇章翻译为西班牙语。

（三）时间安排

报名时间：9月底起（具体以每届赛事安排为准）。

初赛时间（第八届赛事）：2022年10月30日（周日）。在比赛开放期间任选1小时完成比赛即可，每人每组别仅一次答题机会。

决赛时间（第八届赛事）：2022年11月13日（周日）。在比赛开放期间任选2小时完成比赛即可，每人每组别仅一次答题机会。

（四）奖项设置

初赛（各组别）：设一等奖、二等奖、三等奖以及优秀奖，获奖比例为一等奖3%，二等奖5%，三等奖10%，优秀奖16%，共计34%；各组别初赛一等奖、二等奖、三等奖和优秀奖获得者晋级决赛。

决赛（各组别）：设特等奖、一等奖、二等奖和三等奖，获奖比例为特等奖3%，一等奖5%，二等奖10%，三等奖16%，共计34%。

三、赛事准备与参赛步骤

（一）比赛前期

1.巩固词汇基础

词汇作为构成语言句段的基础，其使用得适当与否直接影响语言表达准确性，与此同时，在翻译领域，尤其是笔译，不同的选词结果对译文的最终呈现影响巨大。

中西部外语翻译大赛（西班牙语组）初赛题目中，对词汇的考查可分为高难度词的翻译以及词汇辨析两个方面，其中高难度词主要集中在时政热词。为此，笔者在词汇学习过程中着重关注政府要文或政府出版的官方图书中西语版本包括但不限于《习近平谈治国理政》（西班牙语版）、每年度的《政府工作报告》，学习其中的政治词汇翻译与表达。在词汇辨析方面，又可细分为对西班牙语俗语和常用语词汇搭配的考查以及对近义词间词义偏差知晓能力的考查。前者主要考验参赛选手日常的俗语积累能力，笔者通过阅读西班牙语文学作品、西班牙语俗语话题图书以及观看西班牙语影视作品加以积累；后者则考验参赛选手平常在西班牙语学习中对词义的洞察仔细程度，笔者在翻译练习时，会对词义相近的词汇进行比较，以选择最佳的一个，同时在查阅词典时，也会关注近义词间词义偏差的地方。

2.巩固语法基础

如果将词汇比作建造房屋的砖瓦，那么词汇则是支撑整座建筑的框架，笔译相对口译而言，需要更为准确的语言表达，对语法的容错率极低。因此，笔者在检查、修改译文的过程中，第一步便是检查语法错误，大到语句框架问题，小到单词的变位及单复数、阴阳性问题。

3.提高阅读水平

阅读能力是西班牙语学习者不可缺少的能力，拥有较好的西班牙语文章阅读能力，无论是日常读书看报还是考试竞赛，都能起到事半功倍的效果。然而阅读能力并不是一蹴而就的，这需要学习者日积月累地阅读练习，练习的方面包括阅读速度、理解能力等。笔者在日常学习中，喜欢阅读西班牙语原著，在提升自身阅读水平的同时，对西班牙语世界的政治、经济、文化知识也有相当大的补充增强。

对于竞赛而言，除日常的阅读外，针对性的阅读加强训练也必不可少，相关训练可在比赛开始前的六个月做起。由于中西部外语翻译大赛所选择的翻译内容多为政治、经济等非文学类文章或语段，因此对于这样的文本我们也需多多阅览，尤其是具有时效性的热点话题更是竞赛出题者偏向考查的内容。这里笔者推荐阅读比赛开始前近一年的西班牙语外刊，可在各类西班牙语新闻网站获取，如——

《国家报》（www.elpais.es）：西班牙第一大综合性日报，平均发行量20万份，与《世界报》《阿贝赛报》并称西班牙的档案记录报。《国家报》相当于我们的《新闻联播》，涉及新闻事件、国家时事等，又尤为重视国际新闻，其政治专栏时常触及敏锐问题或者披露事件背景，笔锋犀利。

《世界报》（www.elmundo.es）：西班牙发行量第二大的全国性综合日报，也是西班牙访问量最高的电子报刊。《世界报》内容广泛，涵盖多个主题，如政治、经济、世界局势、文化、体育、影视消息等，提供西班牙国内外各方面的最新资讯，该报最大的优点在于覆盖面广、信息量大。

《至上报》（www.excelsior.com）：墨西哥主流报纸，创办于1917年，是墨西哥影响最大的报纸，为西班牙文对开日报，也是墨西哥最老和发行量最多的报纸之一。同时，该报也是新华社在墨西哥的主要合作媒体之一。

除各类西班牙语报纸外，中国新闻网站的西班牙语版，如人民网西班牙语版、新华社西班牙语版、CGTN西班牙语频道等也是不错的选择，译者可以对照某一新闻的中西两版进行翻译练习和翻译鉴赏练习。

4.每日翻译练习

参与翻译比赛，赛前的翻译练习自然是尤为必要的，有半年及以上时间的翻译笔感后，比赛时会有更好的发挥。笔者将上述外刊文章和中文网站文章作为翻译练习文本，进行粗译和精译两种练习，分别锻炼自己的翻译速度和翻译准度。遇到自认为符合中西部外语翻译大赛试题标准的文段，笔者会将其摘出，进行计时翻译，提前适应竞赛模式。

除日常翻译练习外，在比赛前一个月，笔者会将竞赛样题和其他适合的文段作为翻译文本进行模拟测试，请指导老师为译文打分并进行指导。

5.比赛硬件检查

由于中西部外语翻译大赛采用线上作答的方式，要求参赛选手打开摄像头，用麦克风作答，因此赛前应确保摄像头与麦克风没有问题，并提前调试好摄像头位置和角度。

（二）比赛时

1.词典的选用

中西部外语翻译大赛允许参赛者在比赛期间使用中到外、外到中两本词典，这对参赛者来说无疑是益处颇多的，但并不是任何一本词典都适合用在此种翻译竞赛当中。词典可分为学习型词典、普通双语词典和专业双语词典，显然对于翻译竞赛，普通双语词典是最合适的选择。学习型词典是供西班牙语学习者使用的，其释义相对浅显，不适合高级西班牙语学习者在比赛中使用；专业双语词典是对某一专业领域涉及词汇的诠释集，也不适用于考查范围多样的翻译比赛。

除了考虑词典类型是否适合竞赛外，词典的体量也应是考量的要素。中西部外语翻译大赛是有时间限制的翻译比赛，因此参赛者应选择体量适中、查阅起来不会过于耽误时间的词典。

2.词典的运用

虽然词典可以帮助译者在比赛时处理不明白的词汇，但若运用不当，极有可能造成不必要的时间浪费。在翻译过程中，遇到不懂的词汇如立刻去查词典，会打断自己的阅读节奏，同时对文章整体的把握产生误差。笔者的做法是遇到不懂的词将其标记出来，若能通过上下文推断出词义，则完全可以避免词典的"干扰"。不可能有一本词典能够收录所有的词义，比赛过程中定会遇到因语段背景而发生词义偏移的词汇，这样的词只有通过自己对西班牙语世界文化的理解和对前后文的把握才能理解。因此，与其在词典上翻来翻去，浪费时间，不如多读上下文，这样还能增强对全文的理解。

当然，词典并不是一无是处的，笔者认为它是我们翻译时的辅助工具，可以在翻译完成后对实在难以理解的词给出解释，或用以理解不确定的词，包括对该词的正字法或释义的疑问。

3.初赛答题技巧

中西部外语翻译大赛西班牙语组初赛题型为选择题，从四个选项中选出最合适的翻译。由于时间的限制，笔者答题的总体思路为快速完成较为简单的题目，不纠结较为困难或没有把握的题目，思考后没有头绪便暂且跳过，待全部答完再返回，这样可以避免浪费时间。

初赛考查参赛选手对翻译准确度的把握，四个选项中将会有相同的部分和不同的部分，在做题时需要快速找出相同的部分并标记出来，这样能节省出重复看相同部分所浪费的时间。

4.决赛翻译技巧

决赛题型为篇章翻译，在动手翻译前，先将全文通读，大致了解文段类型（文学类、非文学类）、文段大意和用语风格，以确定译文风格。对于篇章中的长难句，可将句子划分为若干部分：第一步忽略各部分之间的关系，单独翻译；第二步，将翻译出的各部分组合纠正，连成一句话；第三步，将句子放在文段中，再次修改。

（三）赛后总结

笔者认为，一项赛事的真正完成不是停笔交卷的那一刻，而是认真做完赛后总结的时候。比赛结束后应第一时间将比赛题目进行回忆并记录下来，同时列举出在比赛过程中遇到的翻译问题或其他问题，如时间安排不合理、过多使用词典、设备突然黑屏等，争取找出解决方案，为下次参赛或参与其他比赛积累经验教训。

四、参赛能力

（一）语言掌控能力

翻译绝非简单的双语互译。作为一名译者，首先应具备精通互译的源语言与目标语言，熟练掌握两种语言的基本功。翻译不仅仅是知晓两种语言就可以做的，译者应掌握大量的词汇和听说读写的能力，对单词拼写、语句语法、时态、语态、标点符号等的理解应接近母语水平，牢固又清楚地掌握两种语言的共同点与差异点。在翻译过程中，正确、规范地呈现译文是至关重要的。

中文与西班牙语是两种截然不同的语言，在学习西班牙语的同时，应有意识地避免自身的中文表达习惯受西班牙语，如句子结构、连接词的选择乃至超越语言层面的文化价值观上的影响。为此，应加强对中文的学习。

（二）阅读理解能力

良好的阅读理解能力是优质翻译的前提。翻译实际上是对源文本的输入理解，再对译文的输出表达的过程，译者应对这一系列步骤做足准备并保证最终的译文有质量。在拿到翻译原文时，译者首先应当通读原文，了解文章大意、内容框架和用语风格；其次在翻译句子前，吃透句子的内容及其与前后文的联系。确保这些步骤完成后再动笔翻译，这是稳妥且合适的做法，有助于更高效地完成限时比赛。

（三）写作能力

写作能力的好坏决定译者是否能把自己对原文的理解、对原文风格的把握正确地表达出来。正如上文提到的，理解是输出的前提，但输出写作是确保理解安稳落地的关键环节。

（四）判断能力

要想提高翻译判断力，可进行大量翻译实践，在实践中加以训练；也可重温以前的翻译，从反思中获得经验；还可与同学同事合作，互相学习，共同进步；最后可向指导老师寻求建设性的意见。

五、我校历年成绩

自中西部外语翻译大赛（西班牙语组）创办起，至今已成功举办九届。我校西班牙语专业学子自2022年首次参赛以来，始终保持着高度的参与热情与卓越的翻译能力，屡次在该赛事中斩获佳绩，为学校赢得了广泛的赞誉与认可。

在第八届比赛中，我校2022级西班牙语笔译硕士研究生陈雨婷凭借深厚的翻译功底和卓越的表现，荣获西班牙语组决赛二等奖；李江涛、顾佳滢两位同学亦凭借出色表现获得优秀奖；施蓉巧同学在初赛阶段亦以优异表现荣获三等奖，充分展现了我校学生在西班牙语翻译领域的实力和潜力。

2023年，我校学生继续在该赛事中取得显著成绩。2023级西班牙语笔译硕士研究生张瑞凭借扎实的语言基础与出色的翻译能力，荣获初赛二等奖；随后在决赛中再次展现卓越实力，获得三等奖，为学校再添荣誉。

这些成绩的取得，既是我校学生个人努力的体现，也彰显了学校对培养高质量翻译人才的重视。学校始终致力于提升学生的翻译技能和语言应用能力，为他们提供丰富的学习资源与实践机会。同时，学校亦积极鼓励学生参与各类翻译赛事，旨在锻炼其实践能力与竞争意识。

展望未来，我们有理由相信，在学校的大力支持与培养下，我校学生将继续在各类翻译赛事中展现卓越的才华与实力，为学校赢得更多荣誉。同时，我们也期待更多学生积极参与此类比赛，不断提升自身的翻译技能与实践能力，为未来的职业发展奠定基础。我们相信，经过不懈努力与锻炼，我校学生有望成为翻译领域的佼佼者，为国家和社会作出更大贡献。

世界100经典作品双语解读网络大赛

秦卓豪①

摘要： 2021年11月19日，首届中国网络文明大会发布《共建网络文明行动倡议》，《倡议》第六条"深化国际交流，促进文明互鉴"提出，秉持开放包容的理念，深化网络空间国际交流合作，促进世界各国民心相通、文明互鉴，携手构建网络空间命运共同体，为人类文明进步贡献中国智慧、中国力量。为贯彻落实以上理念，四川外国语大学西方语言文化学院（重庆非通用语学院）协办了"世界100经典作品双语解读网络大赛"。号召媒体创作人才用流行方式表达传世经典，创作出大众喜闻乐见的高质量精品内容，让世界优秀文化被更多的人看到。本文立足于参赛者的角度，介绍赛事背景、比赛流程、赛制安排、参赛准备和参赛步骤、赛事能力要求、我校参赛历程和成绩等情况，提出参赛建议。本文不仅能为参赛者提供备赛需要的相关信息，还有利于世界优秀文化的传播，促进文化的互鉴互赏。

关键词： 文化传播；赛事准备；比赛流程

---

① 秦卓豪，四川外国语大学西方语言文化学院西班牙语专业2020级学生。

一、赛事简介

习近平总书记指出，讲好中国故事，传播好中国声音，展示真实、立体、全面的中国，是加强我国国际传播能力建设的重要任务。联合国教科文组织大会2003年通过的《普及网络空间及促进并使用多种语言的建议书》，得到了195个会员国的广泛认同与支持。教科文组织与"全球说"于2016年开始合作共建"世界语言地图"项目后，陆续推动了多项"青年语保"工作，2021年发起的"青年语言保护与传承：新媒体人培养计划"，正是倡导网络空间优质多语言内容创造与传承的升级与延续。

基于互联网时代融媒体发展成为未来文化传播的趋势，网络空间优质多语言内容的需求日益增强，培养和锻炼一支青年多语言内容创作的融媒体人才队伍刻不容缓。与此同时，该活动经协商与联合国教科文组织—全球说世界语言地图"青年语言保护与传承：新媒体人培养计划"对接，更凸显出大赛的因时应势。

2021年12月11日召开的第四届传神者大会上，由联合国教科文组织—全球说世界语言地图项目办公室倡议，世界翻译教育联盟作为学术支持，传神语联、《英语世界》杂志社、"全球说"主办的"世界100经典作品双语解读网络大赛"正式启动，号召融媒体创作人才用流行方式表达传世经典，创作出大众喜闻乐见的高质量精品。

二、比赛流程与赛制

（一）比赛内容

将世界100部经典影视作品的中文与外语对照的双语解读，制作成3—6分钟的短视频。首届比赛的100部影视作品名单如下。

表1　电影列表（来自奥斯卡奖获奖及入围作品，排名不分先后）

名称	国家	名称	国家
《玛丽和马克思》	澳大利亚	《阿甘正传》	美国
《歌厅》	德国	《莎翁情史》	美国
《窃听风暴》	德国	《指环王：护戒使者》	美国
《放牛班的春天》	法国	《芝加哥》	美国
《寄生虫》	韩国	《本杰明·巴顿奇事》	美国
《假如爱有天意》	韩国	《水形物语》	美国
《宾虚》	美国	《与狼共舞》	美国
《泰坦尼克号》	美国	《辛德勒的名单》	美国
《指环王：国王归来》	美国	《角斗士》	美国
《乱世佳人》	美国	《林肯》	美国
《窈窕淑女》	美国	《荒野猎人》	美国
《甘地传》	美国	《烽火赤焰万里情》	美国
《莫扎特传》	美国	《美国骗局》	美国
《爱乐之城》	美国	《美女与野兽》	美国
《飞屋环球记》	美国	《音乐之声》	美国
《黑豹》	美国	《楚门的世界》	美国
《肖申克的救赎》	美国	《怦然心动》	美国
《教父》	美国	《闻香识女人》	美国
《教父2》	美国	《雨中曲》	美国
《帝国反击战》	美国	《驯龙高手》	美国
《盗梦空间》	美国	《疯狂动物城》	美国
《机器人总动员》	美国	《寻梦环游记》	美国
《功夫熊猫》	美国	《卧虎藏龙》	中国
《十二怒汉》	美国	《霸王别姬》	中国
《飞跃疯人院》	美国	《大闹天宫》	中国
《罗马假日》	美国	《美丽中国》	中国
《狮子王》	美国	《芳华》	中国

名称	国家	名称	国家
《当幸福来敲门》	美国	《重庆森林》	中国
《心灵捕手》	美国	《让子弹飞》	中国
《百万美元宝贝》	美国	《无间道》	中国
《美丽心灵》	美国	《红高粱》	中国
《龙猫》	日本	《英雄本色》	中国
《千与千寻》	日本	《倩女幽魂》	中国
《天空之城》	日本	《大话西游之仙履奇缘》	中国
《情书》	日本	《红海行动》	中国
《小鞋子》	伊朗	《功夫》	中国
《美丽人生》	意大利	《天使爱美丽》	法国、德国
《海上钢琴师》	意大利	《这个杀手不太冷》	法国、美国
《灿烂人生》	意大利	《天堂电影院》	法国、意大利
《三傻大闹宝莱坞》	印度	《小丑》	美国、加拿大
《摔跤吧！爸爸》	印度	《双塔奇兵》	美国、新西兰
《两杆大烟枪》	英国	《英国病人》	美国、英国
《哈利·波特》	英国	《黑暗奇兵》	美国、英国
《阿凡达》	美国、英国	《忠犬八公的故事》	美国、英国、日本
《星际穿越》	美国、英国	《上帝之国》	美国、法国、巴西
《罗马》	墨西哥、美国	《贫民窟的百万富翁》	美国、英国、印度
《美国往事》	意大利、美国	《末代皇帝》	意大利、英国、中国
《傲慢与偏见》	法国、英国、美国	《国王的演讲》	英国、澳大利亚、美国

续表

名称	国家	名称	国家
《少年派的奇幻漂流》	美国、中国、英国、加拿大	《迁徙的鸟》	法国、德国、意大利、西班牙、瑞士

表2　电视剧列表（来自豆瓣评分，排名不分先后）

名称	国家	名称	国家
《请回答1988》	韩国	《天龙八部》	中国
《来自星星的你》	韩国	《笑傲江湖》	中国
《孤单又灿烂的神：鬼怪》	美国	《射雕英雄传》	中国
《老友记》	美国	《神雕侠侣》	中国
《生活大爆炸》	美国	《倚天屠龙记》	中国
《良医》	美国	《鹿鼎记》	中国
《吸血鬼日记》	美国、加拿大	《小鱼儿与花无缺》	中国
《超人前传》	美国、加拿大	《绝代双骄》	中国
《朝九晚五》	日本	《风云》	中国
《还珠格格》系列	中国	《琅琊榜之风起长林》	中国
《少年包青天》	中国	《甄嬛传》	中国
《包青天》	中国	《伪装者》	中国
《西游记》	中国	《三生三世十里桃花》	中国
《三国演义》	中国	《白鹿原》	中国
《水浒传》	中国	《白夜追凶》	中国
《家有儿女》	中国	《我的前半生》	中国
《爱情公寓》	中国	《潜行狙击》	中国
《仙剑奇侠传》	中国	《使徒行者》	中国
《少年方世玉》	中国	《漂洋过海来看你》	中国
《武当》	中国	《无心法师》系列	中国
《武林外传》	中国	《灵魂摆渡》系列	中国
《穿越时空的爱恋》	中国	《芈月传》	中国

名称	国家	名称	国家
《北京爱情故事》	中国	《父母爱情》	中国
《琅琊榜》	中国	《金婚》	中国
《流星花园》	中国	《溏心风暴》系列	中国
《隐秘而伟大》	中国	《那年花开月正圆》	中国
《亮剑》	中国	《鸡毛飞上天》	中国
《雪豹》	中国	《我和春天有个约会》	中国
《济公》	中国	《爷们儿》	中国
《红楼梦》	中国	《正阳门下》	中国
《陈真》	中国	《欢乐颂》	中国
《精武门》	中国	《何以笙箫默》	中国
《我和僵尸有个约会》系列	中国	《盗墓笔记》	中国
《杨家将》	中国	《老九门》	中国
《大秦帝国之崛起》	中国	《洗冤录》系列	中国
《雪山飞狐》	中国	《陀枪师姐》	中国
《封神榜》	中国	《法证先锋》系列	中国
《雪花神剑》	中国	《妙手仁心》系列	中国
《楚留香传奇》	中国	《冲上云霄》系列	中国
《萧十一郎》	中国	《金枝欲孽》系列	中国
《太极宗师》	中国	《谈判专家》	中国
《春光灿烂猪八戒》	中国	《上海滩》	中国
《上错花轿嫁对郎》	中国	《洛神》	中国
《少年张三丰》	中国	《大时代》	中国
《巾帼枭雄》系列	中国	《天若有情》	中国
《寻秦记》	中国	《烈火雄心》	中国
《难兄难弟》	中国	《觉醒年代》	中国
《巨轮》	中国	《知否知否应是绿肥红瘦》	中国
《扫黑风暴》	中国	《延禧攻略》	中国
《人民的名义》	中国	《新白娘子传奇》	中国
《天若有情》	中国	《烈火雄心》	中国

参赛选手可自由选择100部影视作品的某一部进行解读，也可以围绕某个特定的主题，对多部作品对比解读。允许多人组合参赛（仅限在读学生参加），多人组合参赛应在视频开头或结尾明确展示分工（字幕呈现）。

（二）比赛内容要求

1.内容创作成短视频：提交的比赛作品为不超过6分钟的短视频。

2.中文和外语双语表达：短视频需用外语进行声音解说，并同步呈现双语字幕。

3.片段与概述详略结合：选取的作品要求既有全面的梗概介绍，又要截取重要片段创新详解。

4.中外文化对比关联：作品表达要求攫取一定的内容要素，寻求中外文化对比、对照表述。

备注：大赛组委会提供解读作品的示例供参考，参赛者提交短视频，需同时提交双语文字脚本。

（三）参赛作品评价维度

1.内容创意：内容方向积极、内容价值优质，要有料、有用；作品创意要创新、有趣、有特色。

2.语言表达：中文和外语文字准确凝练，两种语言的发言要体现与内容相应的调性。

3.视觉表现：视觉符号的选取和表达要围绕中心内容，体现出丰富的画面信息，注重观者体验。

4.技巧运用：能看出拍摄、剪辑的思路，适度地表现出的特技要助力内容表达。

（四）比赛赛制

1.大赛初选

（1）参赛短视频作品可在以下任一平台上发布：

抖音、快手、微博、知乎、小红书、B站、TikTok、YouTube。

（2）短视频发布后，作品获得点赞数量超过50个即进入复选，同时在比赛总分值10分中计入1分。

（3）进入复选的参赛者将获得大赛组委会提供的纪念奖品。

2.大赛复选

凡进入复选的选手，均须提交其参赛视频在"全球说"平台上展示，大赛专业评委根据评分规则打分（其中"全球说"平台展示的评论、点赞和转发数等在复选中占一定比重）。专业评委评分占总分值的9分。加上选手进入复赛时的1分，即为该选手总得分。

3.大赛时间安排

（1）初选海选时间：2021年12月25日—2022年3月15日。

（2）复选评审时间：2022年3月16日—2022年4月25日。

（3）公布获奖名单和颁奖时间：2022年5月4日。

4.大赛奖励

（1）一等奖：1名，奖金5000元。

（2）二等奖：2名，奖金3000元/人。

（3）三等奖：3名，奖金2000元/人。

（4）优秀奖：300名，限量版文创礼盒或奖金200元/人。

以上获奖选手除获得本次大赛的获奖证书外，同时入选联合国教科文组织—全球说世界语言地图"青年语言保护与传承：新媒体人培养计划"，获得""新一代语言保护媒体人"荣誉证书。

5.大赛成果推广——新媒体人培养计划

大赛结束后，产生的306名获奖选手将全部入选联合国教科文组织—全球说世界语言地图"青年语言保护与传承：新媒体人培训计划"，成为"新一代语言保护媒体人"。在该计划扶持下，他们通过后续培训、实习和实践等一系列培养安排，未来会更上一层楼，可受聘为世界语言地图项目"新一代语言保护推广人"和"新一代语言保护传承者"。

（1）培养计划内容

①培养培训：比赛获奖者入选新媒体人培养计划后，将接受为期半年的在线和线下培训，进一步提升自己创作短视频作品的多种能力。

②实习与实践：培养计划将安排获奖者到相关机构进行实习、参与相关实操性工作，进入"全球说"直播间模拟直播，参观和参与其他直播平台直播活动等。

③模拟创作：精心准备个人直播或录播系列的作品或进行内容规划，进行实际演练，经导师指导，形成各自人设和风格定位，开始尝试创作。

④签约创作：与联合国教科文组织官方多语言平台——"全球说"签约，在平台上创作语言教育、文化传播、跨文化交流和文明传承等与联合国17项可持续发展目标相关的短视频内容。

（2）"新一代语言保护媒体人"进阶之路

第一步：参加大赛获奖者，均入选"青年语言保护与传承：新媒体人培养计划"，并获得由联合国教科文组织—全球说世界语言地图项目办公室颁发的"新一代语言保护媒体人"荣誉证书。

第二步：在培养计划扶持下，完成一定量主题内容创作，在相关平台形成明确人设者，经专家评估，将获得世界语言地图项目办公室颁发的"新一代语言保护推广人"荣誉证书。

第三步：在国际性平台持续输出优质内容，形成国际影响，积极参与世界语言地图相关活动者，经专家评估，将获得世界语言地图项目办公室颁发的"新一代语言保护传承者"荣誉证书。

三、赛事准备与参赛步骤

（一）视频准备

1.确定解读作品：无论选择电影还是电视剧，都要把握作品表现的拍摄技巧、文化特点、情节特点、人物形象或价值观等，以此为基础解读作品、确定讲解的主题，并确保视频时长控制在3—6分钟。

2.相关资料搜索：以上提到的影视作品，可以在网络上搜索现有的各类解读作品，进行参考和学习，帮助打开思路，但要保证原创性，避免内容同质化。也可以对解读的相关内容进行搜索，如文化要素、时代背景等。在寻找资料时，可选择如知网之类相对权威的数据库，保证解读内容的专业性。

3.撰写视频脚本：在撰写脚本时，要避免流水账形式的解读，应按照一定逻辑进行解读，交代必要的因果关系；清晰地交代人物，避免因指代不明引起读者的误解，因此应在人物第一次出现时交代人物身份，不同事件切换时随之更换主语等；恰当地叙述，捋清故事主线，对相关情节进行取舍；注意文案的趣味性，恰当使用网络用语能引起观众的兴趣，如不能恰当使用，为避免导致尴尬的局面，认真讲好故事也是好的选择。此外，此次竞赛的主题为文化交流，文案内容可偏向介绍中国文化，或者中外文化的交流互鉴。同时，在文案内容上，对于这100部优秀的影视作品，可以参考对应作品的影评内容，帮助打开撰写思路，但在这一类的竞赛中，对影视作品有独特的见解、能够打动人心的看法对获得较高的等级也是一种加分项。

4.翻译视频脚本：比赛要求提供中外双语的文案脚本、双语字幕，并用外语进行解说，所以对文案译本的要求相对较高。参赛者可先自行翻译，这对自己的语言水平也是一种提升和锻炼；之后再联系相关老师进行指导，对翻译进行修改，力求使译文能够体现原文的韵味和风趣。

（二）作品录制

在录制视频时有两种方式，可以是直接对声音的录制，后续添加到剪辑好的视频上，也可以是人员出镜的录制，但后者对各种能力的要求就相对较高，如对肢体语言、表情管理、声音和情绪等都有较高的要求，同样这也是赛事鼓励参赛者采取的录制方法。但无论是哪种录制方法，都应该有合适的情绪表达，充分传达出相应的情绪，能使观众得到情感方面的共鸣。

（三）作品剪辑

1.收集素材：确保影片视频是高质量且素材清晰可见，确定并收集需要的照片或音乐。

2.剪辑视频：根据文案内容合理剪辑视频，可添加特效，以达到吸睛的效果。若录制的是人员出镜的视频，则还需要考虑录制视频和影片视频的放映方式和时长。剪辑软件因人而异，可选择PS之类的专业软件，剪映具备的剪辑功能相对全面，也是一个可以选择的软件。

3.添加字幕：由于比赛要求添加中外双语字幕，且需用外语进行解说。这就要求中外字幕对应声音的内容，且需要考虑字幕放置的位置、大小和颜色等，否则会影响视频的观看。

（四）作品宣传

在视频发布到平台之后，点赞数超过50才能进入复选，所以应考虑如何宣传视频，以增加点赞量。除了选择转发视频到朋友圈让亲朋好友助力，在发布视频时，也可添加相应的话题，增加视频的流量。

四、赛事能力要求

（一）知识储备

该比赛以当下流行短视频方式将世界优秀文化成果展示给大众，这就要求参赛者对相应的文化知识有所掌握。掌握文化知识的方式有以下几种。

1.广泛阅读：通过阅读各种图书，来扩展知识面，以便在比赛中能够讲出精彩的故事，这也需要长期的积累。

2.网络搜索：这100部世界经典作品，网络上有相应的视频、图片或文字资料，可以通过选择更有专业性的数据库或平台进行搜索。

3.亲身体验：这是一种最为直观的学习文化的方式，通过亲身体验，从自身感受出发，也可以得出更能打动人心的想法。

（二）资料的收集与整理能力

在比赛中，需要对大量的资料进行收集，并在众多资料中整理出合适的内容，对参赛者的信息收集和处理的能力也是有很高要求的，同时这也是一项重要的工作技能，可以采用以下方式提高信息收集处理的能力。

1.收集信息时，不急于寻找答案。在开始寻找答案时，应采取"广撒网"

的收集方法，尽可能多地收集与该方面相关的信息，在这个过程中，也能寻找到新的创作思路。

2.学会辨别。在搜索过程中，要将客观信息和被证实的真相同无法辨别真伪的信息和主观想法区分开。需要注意的是，客观事实才是最可靠的信息。

3.学会舍弃。在分析和整理得到的信息后，要将已经掌握的信息舍弃。这样做，能够留出更多的空间给新的信息。

4.用自己的话来整理。在分析信息之后，要用自己的话去解释，并记录下来。这样既处理了有用的信息，在后续文案编写时，也避免了抄袭的嫌疑。

（三）写作能力

在经典作品解读大赛中，参赛者必须在对影片有足够了解的基础上，通过文案表达自己的真情实感，并且以敏锐的思维表现文化的特点。这就要求参赛者具备较强的文字功底。除了长期的写作和阅读积累，提升写作能力还可以从细致的观察做起，观察事物的特点，再和相关事物联系起来，赋予事物鲜活的生命。一切创作都源于生活，也可与生活中的事物联系起来，使作品具有"烟火气"，这样更能让观众产生共鸣。同时，具有真情实感的文字才最打动人，可以在人物塑造或情节描写上抒发真情实感，要有感而发，而不是过度渲染，"生硬"地抒情。

（四）语言能力

该比赛也明确要求了双语的能力，为传达出更为精准和细腻的情感，在对文稿进行翻译时，除了视频本身，语言的表达也是很重要的部分。而使用外语对其进行解读，除了"形似"，更要"神似"。可参考以下资料，提高翻译的能力。

1.郭羽宁.功能对等视角下的中国电影片名及字幕翻译研究——以影片《芳华》为例[J].文化创新比较研究,2023,7（16）:1-4+25.

2.郭融融.影视片名翻译中文化意象的重构[J].文化学刊,2022,（09）:208-211.

3.曾淑璇.从目的论视角看影视字幕翻译——以《寻梦环游记》为例[J].新楚文化,2023,（24）:71-74.

（五）表演能力

无论是配音还是出镜录制，都必须展现出切合文案的情感表现，以达到让观众共情的效果。在录制视频时，应该选择自我的代入，作为讲述者清晰地表达出对应的情感。在用外语讲述时，把握外语的停顿，以达到合适的节奏。

（六）视频剪辑的能力

在网络技术和自媒体发达的今天，视频剪辑也是一项重要的技能。除了专业视频剪辑软件，还可以通过剪映或其他的视频软件进行剪辑，且这一类软件便于操作，更好上手，可以通过网上学习和多加练手来掌握视频剪辑的能力。

（七）团队合作能力

该比赛的工作量还是相当大的，因此鼓励参赛者以小组合作的形式参加，共同完成比赛。团队合作能力，无论何时何处都是一项十分重要的能力。在备赛过程中，团队成员要树立共同的奋斗目标，朝着一个方向前进。遇到问题时，要通过沟通解决问题，在这个过程中也锻炼了换位思考的能力。团队合作除了是一项分工做事的工作，还是一次互相学习、互相进步的机会，在备赛过程中，通过团队的交流，不仅可以促进成员之间能力的"互补"，还能收获难得的友谊。

五、我校参赛历程及成绩

我校的参赛历程充满挑战与机遇，三位西班牙语专业的同学——秦卓豪、汤晶莹和颜石，以他们的热情与才华，首次参加了此次经典作品解读大赛。他们的作品《〈寻梦环游记〉：亲情才是亡灵世界的通行证》以深刻的解读和生动的表现，赢得观众和评委的高度认可。最终，在激烈的比赛中，我校三位同学凭借出色的表现和作品质量，荣获优秀奖。这一成绩不仅是对他们个人能力的肯定，更是对我校西班牙语专业教育教学水平的认可。

国际传播能力竞赛与人才培养

"外研社·国才杯"国际传播力短视频大赛

赖禹宇　蒋思怡　余　睿①

摘要： 在全球格局迅速演变的背景下，中国积极参与全球治理，发挥大国责任。面对中华民族伟大复兴战略全局和世界百年未有之大变局，党和国家提出了新的外语教育改革和人才培养要求。为响应党和国家号召，外语教学与研究出版社于2021年9月推出"外研社·国才杯"国际传播力短视频大赛。此赛事鼓励大学生利用自媒体平台，用外语生动讲述个人及身边故事，以展现中国文化、传递中国声音。本文就其赛事简介、赛事流程、赛事准备和赛事能力要求，根据赛事经验进行大赛分析，旨在为各高校提供经验参考，借助短视频大赛促进国际化人才素质培养。

关键词： 中国国际传播力；外研社·国才杯；短视频大赛；中国人物；国际化人才

---

① 赖禹宇、蒋思怡、余睿，四川外国语大学西方语言文化学院西班牙语专业2021级学生。

一、赛事简介

（一）大赛情况

在世界格局加速演变的进程中，我国正以积极主动的姿态深度参与全球治理，发挥大国作用，体现大国担当。立足中华民族伟大复兴战略全局和世界百年未有之大变局，面对新时代、新征程，党和国家对我国外语教育改革与人才培养提出了新的要求。

2021年5月，习近平总书记在中共中央政治局第三十次集体学习时强调，讲好中国故事，传播好中国声音，展示真实、立体、全面的中国，是加强我国国际传播能力建设的重要任务。外语教学与研究出版社（以下简称外研社）积极响应党和国家的号召，于同年9月推出"外研社·国才杯"国际传播力短视频大赛（原名：沟通世界的国才·国际传播力挑战赛），鼓励大学生在自媒体平台用外语讲述自己及身边的故事，以生动自然的方式对外传播中国文化，展现中国故事的世界意义和当代价值，更加充分、鲜明地展现中国故事及其背后的思想力量和精神力量。鼓励大学生为推动中国更好走向世界、世界更好地了解中国作出积极贡献。

（二）大赛回顾

截止到2023年，"外研社·国才杯"国际传播力短视频大赛共举办了三届。

首届沟通世界的国才·国际传播力挑战赛于2021年9月举办。比赛为期一个月，视频投放平台为抖音，并分为四个阶段：提交作品、专家评审、大众投票和公布结果。比赛主题是以英文介绍中国城市，呈现中国城市的崭新姿态，打造亮眼的城市"形象名片"。

第二届"外研社·国才杯"国际传播力短视频大赛在第一届的基础上扩大了规模，新增了英语以外的语种，与"外研社·国才杯"的系列比赛共同致力于提升大学生的理解能力、思辨能力、跨文化能力和国际传播能力，推进中国故事和中国声音的全球化表达。本次大赛围绕"中国智造"，分为初赛、复赛和全国总决赛，且初赛设全国、省级两条赛道晋级复赛。

第三届"外研社·国才杯"国际传播力短视频大赛，需要每一位参赛者报考国才考试以获得参赛资格。本次比赛分为选拔赛和全国决赛两个阶段，并且分为英语赛道和多语种赛道，围绕"中国人物"进行讲述。比赛时间提前至5月31日开始，新设置了院校与教师奖项，本次比赛的视频投放平台为哔哩哔哩（bilibili）。

从目前举行的三届大赛来看，比赛时间与赛制并没有完全固定。每一届比赛规则都会有许多不同，需要参赛人员仔细阅读比赛文件。以下以重庆赛区为例进行介绍。

二、比赛赛制与流程

（一）现行赛事分析

1.参赛资格

重庆市普通高等学校全日制在校本科生、研究生，中国国籍，不限年级、专业，且持有国才考试证书或已报名2023年5月、7月考季国才考试。

比赛选手可选择个人或团队任一种方式参赛，团队参赛单支队伍人数不超过5人，可跨校组队。每位选手仅能参与一个作品，一经发现违规，则取消选手及选手所在团队参赛资格。

个人参赛的选手须正确填写信息，以获取参赛资格。团队参赛须选出一位队长，由队长负责正确填写报名信息，以获取参赛资格。

2.比赛规则

本次大赛一共分为两个阶段：选拔赛和全国决赛。部分地区在选拔赛结束之后，会进行地区赛，如重庆赛区，地区赛的时间较晚，但比赛规则和要求基本一致。

选拔赛

本届大赛初赛分为"英语赛道"和"多语种赛道"，参赛选手制作一段不超过120秒的原创短视频（横屏、竖屏均可），用外语围绕"中国人物"讲述中国故事，并配以中、外双语字幕。多语种赛道可使用俄语、德语、法语、西班牙语、阿拉伯语、日语、意大利语、葡萄牙语、朝鲜语参赛，1个作品中仅能使用1种外语。

●晋级名额

（1）分数排名前10%的参赛作品。

（2）哔哩哔哩平台点赞排名前20的未晋级作品。

（3）外卡赛：在2021、2022年国才考试中获得中级优秀、高级良好及以上、高端合格及以上、高翻基本合格及以上的考生可享外卡资格。外卡赛将根据选手的国才考试成绩排名，前30名直通全国决赛（如队伍中有多人有外卡资格，则取最高成绩进行排名）。

●报名方式

第一步：参赛选手须在5月20日24:00前在哔哩哔哩平台发布参赛作品，投稿时带标签#外研社国才杯短视频大赛，并在视频简介中@国才君。

第二步：将作品链接填写至大赛报名表。

地区赛（重庆赛区）

大赛开设英语、多语种赛道，参赛选手制作一段不超过120秒的原创短视频（横屏、竖屏均可），用外语围绕"中国人物"讲述中国故事，并配以中、外双语字幕。参赛选手可使用英语、俄语、德语、法语、西班牙语、阿拉伯语、日语、意大利语、葡萄牙语参赛，1个作品中仅能使用1种外语。各赛道作品按分数排名，决出2023"外研社·国才杯"国际传播力短视频大赛（重庆赛区）冠、亚、季军及一等奖。

英语赛道晋级名额：冠军作品（1个）、亚军作品（2个）、季军作品（3个）获得直通第三届"外研社·国才杯"国际传播力短视频大赛全国决赛外卡。

多语种赛道晋级名额：多语种赛道最终进行共同排名，综合成绩排名前三的作品可直接晋级第三届"外研社·国才杯"国际传播力短视频大赛全国决赛。

●报名方式

第一步：参赛选手须在6月30日24:00前在哔哩哔哩平台发布参赛作品，投稿时带标签#外研社国才杯短视频大赛，并在视频简介中@国才君。

第二步：将作品链接填写至大赛报名表。

●作品要求

（1）参赛作品须为原创，作品内容由参赛选手本人负责，如选用他人素材，须在视频结尾用文字标注来源，确保视频无版权争议。不符合要求以及发生版权争议的作品，一经发现，将取消选手参赛资格。

（2）作品须符合国家法律法规要求，内容积极向上，传播社会正能量。

（3）视频画面须与主题相关，禁止配用无意义的空镜头、静止画面。

（4）作品旁白须为团队成员配音的外语音频（不可使用人工智能语音、剪辑软件内字幕配音等）。

（5）参赛选手须在报名表填写参赛作品链接，未填写作品链接或未提交报名表的，视为放弃比赛资格。

全国决赛

参赛选手可选择以参加选拔赛的作品继续参赛，也可选择对参加选拔赛的作品进行修改、优化或重新制作。参赛作品为不超过120秒的原创短视频（横屏、竖屏均可），用外语围绕"中国人物"讲述中国故事，并配以中、外双语字幕。

晋级全国决赛的选手须登录报名通道，确认参赛信息，如在投稿截止前不确认，视为弃权。

3.比赛流程（最终各环节时间节点请以官方通知为准）

选拔赛

3月23日—5月20日报名、投稿（参赛选手须在哔哩哔哩网站投稿后，填写报名表，如未在报名截止时间前填写，则视为放弃比赛）；

5月21日—6月27日评审；

6月28日公布晋级名单。

地区赛（重庆赛区）

5月31日—6月30日报名、投稿；

6月30日截止提交作品，实际调整时间为7月16日截止提交作品；

7月14日公布晋级名单，实际调整时间为7月19日公布获奖以及晋级名单。

全国决赛

6月28日—7月19日全国决赛投稿；

7月20日—8月17日全国决赛评审；

8月18日公布全国20强名单；

8月18日—8月27日大众投票；

8月28日，公布全国决赛结果。

（二）评分标准

选拔赛

选拔赛采用大众投票的方式进行评审。参赛者在哔哩哔哩发布符合作品要求的视频之后，由大众对作品进行"点赞""投币"等。

最终计算得出分数排名，确定晋级名单。

地区赛（重庆赛区）

地区赛采用大众投票的方式进行评审。参赛者在哔哩哔哩发布符合作品要求的视频之后，由大众对作品进行"点赞""投币"等。最终计算决出各个赛道的冠、亚、季军，重庆赛区一等奖获得者，确定晋级名单。

全国决赛

全国决赛由专家评审和大众投票两个环节组成，英语、多语种作品共同评审。经由专家评审选拔出的全国20强作品，将发布于哔哩哔哩"国才君"账号和"国才考试"视频号等官方平台，届时开启大众投票通道，最终将以专家评审分数（80%）与哔哩哔哩网站投票数、"国才考试"视频号点赞量之和（20%）加权计算，决出冠、亚、季军，全国一等奖获得者。

三、赛事准备

（一）赛题分析

1.分析本届比赛题目

根据下发文件分析比赛题目，概括基本要求，以"2023'外研社·国才杯'国际传播力短视频大赛（重庆赛区）"文件为例归纳总结，做以下分析。

（1）比赛背景：赛题强调中国在全球治理中的积极主动参与，以及习近平总书记"讲好中国故事，传播好中国声音"的指示。这反映了中国政府对国际传播能力的高度重视，以展示中国的真实、立体和全面形象。本次视频大赛旨在为国际社会传递中国的思想力量和精神力量。

（2）比赛主题：大赛主题为"中国人物"，鼓励选手讲述慷慨前行和彰显中国精神的人物事迹，以及属于我们自己的点滴故事。无论选择哪个人物，其都应有助于传播中国文化、价值观和历史，展现中国在世界舞台上的影响力和独特性。

（3）投稿平台：本届大赛投稿平台为哔哩哔哩，选择这样一个知名的在线视频分享平台，将有助于扩大参赛选手的作品受众，提高中国文化传播的影响力。但需注意，每一届规则会有不同，也可以参考往届比赛指定平台，明确其视频发布要求。

2.分析往届优秀作品

参赛者可以通过大赛官方账号在多平台如哔哩哔哩、微信公众号、抖音等，观看其发布的往届获奖视频。在这些优秀实例中，我们总结出以下共同点。

（1）人物多样性

大赛主题"中国人物"包括各个领域的杰出人物，例如——

历史人物：在中国古代和现代历史上具有重要影响力的人物，如孔子、毛泽东、周恩来、邓小平等。这些人物在中国历史和政治发展中扮演了关键角色，能充分展现中国精神的特点。

文化名人：在文学、艺术等领域作出杰出贡献的人物，如鲁迅、齐白石、茅盾等。

科技先驱：屠呦呦、袁隆平、钱学森等，他们对科技和创新作出了杰出贡献。

平凡人物：除了名人和领袖，平凡人的故事也能传达中国精神。他们可能是普通的农民、工人、教师，通过自己的努力和奉献，为社会作出了重要贡献。

"中国人物"是一个广泛的概念，包括但不限于历史、文化、科技等各个领域的杰出人物。他们的故事和成就都可以作为表达中国文化、价值观和影响力的重要材料。参赛者可以选择耳熟能详的大众人物进行视频创作，优势在于资料较丰富，参考性高，但不可否认的是，这样的人物选择，视频整体创作创新难度大，不容易找到新亮点；选择身边人身边事进行创作，视频主体小众但紧扣主题，展现人物形象讲述中国故事，令人眼前一亮，但这种选择的难度在于参赛者对这类人物的寻找。

（2）脚本叙事巧妙

我们发现，在优秀视频中，几分钟内讲述人物亮点且紧扣比赛主题需要做到以下两点。

明确定义主题：在几分钟内将人物主要叙述点和大赛主题相扣，明确的中心思想是叙事传达的核心概念。获奖视频多以所选人物的一到两处闪光点扣题，侧重点不宜过多，否则会导致主题泛泛。

叙事框架精巧：不同视频风格有不同脚本框架，例如在脚本开头或前言部分，提出主题并建立叙事框架。这个框架可以是一个问题、情节或观点，它将在整个叙事中贯穿始终，确保故事始终与主题相关。

（3）后期精细化

作为多语言比赛，学生外语水平是制作视频的基础，良好的口语和充沛的配音情感能极大影响视频效果；字幕和音乐在后期处理时需要注意对应部分的位置，且音乐可以根据视频传递的感情变化，协助内容推向高潮；高清素材便于后期制作，也有利于提高观看舒适度。

（二）确立视频内容

1.寻找视频对象

在撰写脚本之前，我们的团队进行了大量的人物搜索，通过与指导老师的讨论，最终选择了张桂梅作为我们视频的"中国人物"。

首先，我们考虑到比赛的时间背景。本年高考成绩即将发布，这是无数学生和家庭关注的时刻。这一时间节点引发了我们对张桂梅的回忆，因为她带领华坪女子高中取得了令人瞩目的成就。她的坚韧、奉献和领导能力使得学校在困难环境中挺了过来，创造教育奇迹。我们认为她的故事在这一时刻具有特别的教育和激励意义，能够引起观众的兴趣和共鸣。

其次，张桂梅的个人事迹是令人动容的。她不仅是一个教育工作者，还是一个社会活动家，通过创办免费女子中学，她改变了许多女孩的命运。她的事迹是一个充分的例证，证明了一个人的决心和努力可以改变社会和他人的生活。这种故事能够触动人心，激励他人去追求自己的梦想。

此外，张桂梅的事迹在国际上也得到了广泛的报道。西语媒体多次报道了她的故事，这有助于传递中国精神。她的奉献精神和故事在国际舞台上具有重要影响力，能够帮助提高中国在国际社会中的形象。

综上所述，我们选择的"中国人物"——张桂梅，在比赛的时间背景下更具教育和激励意义，她的个人事迹是令人动容的，而且她的国际影响力有助于传递中国的积极形象。在这个选择背后，团队的合作和与指导老师的密切沟通也发挥了关键作用。虽然比赛形式可以是个人或团队，但在如此繁重的工作中，小组合作显然是更加有效的方式。通过团队的协作和共同努力，我们将充分展现张桂梅的故事，并向观众传达她的精神和影响力。

2.撰写视频脚本

确定视频主题，通过展现张桂梅的事迹，叙说她的梦想——让女孩们通过教育走出大山，追寻自己的梦想。在明确基本主题之后，可以开始设定叙事框架：首先在开头以提出问题的形式吸引注意并说明主题，将视频分为本人事迹—艰辛过程—成就展示—主旨高潮四个部分，开头所提及的主题作为整个叙事贯穿始终的主线，确保所有故事始终与主题相关。所有的元素都要遵循叙事结构，如常见的叙事结构——起承转合，组织故事情节，确保主题在叙事中得以展开和发展。或者引入冲突或问题，通过叙事的发展进行解决，从而传达主题。

视频与文章不同，几分钟的时间需要做到文案精练清晰，以配合画面和配音者的语速，并且要注意中外文的翻译，这一部分作为视频剪辑的核心，需要不断修改。以本视频为例，文案和字幕前后一共修改了14遍，最终达到字幕、翻译、配音和画面一致。我们可以使用重复、强调和对比等修辞手法，来使主题更加鲜明。通过反复强调主题，观众更容易领会其重要性。

在撰写脚本时，要根据选择的相关场景和情节，适当分配片段文案和画面的出现时长并批注在旁，方便后期修改。参赛者应尽量在官方媒体上寻找报道或视频作为素材，避免引入不相关的元素，分散主题和观众注意。应确保叙事元素之间存在有机的联系，不论是侧面描写中涉及他人的评价，还是正面的人物自述、采访等，都应能够顺畅地衔接和呼应，让观众更容易理解主题。

3.后期修改

后期视频制作是确保视频内容质量和观众吸引力的关键阶段。以下是我们视频中出现的关键点。

视频格式和封面：根据比赛指定发布平台要求，选择适当的视频分辨率和格式。封面是吸引人的第一要素，在制作过程中要注意人物和标题同时呈现的效果，不同的字体和颜色传达的效果不同，可以通过预览图及时调整以达到最佳效果。

视频剪辑：确保视频中的各个部分流畅地连接在一起，避免不必要的中断和突兀的过渡。精心选择和编辑镜头，确保叙事连贯和令人愉悦。使用适当的转场和特效来增强视频的视觉吸引力。但不要过度使用，以免分散观众的注意力。

音频质量：确保音频清晰、无噪声，并有适当的音量。使用音乐、音效和音频调整工具来增强视频的声音效果。部分可以用和声的方式增加气势。

文本和字幕：双语字幕，确保它们清晰可读，尽量以完整的句子呈现在视频下方，或至少不对画面进行大量遮挡；字体、颜色应与视频的风格和主题相匹配。

反馈和修订：在完成后期制作后，通过不断观看，检查以上要素并做修订，以改进视频的质量，确保成品的效果。

四、赛事能力要求

（一）从赛制变化分析赛事重点

第三届"外研社·国才杯"国际传播力短视频大赛以"中国人物"作为大

赛主题，引导选手探寻慷慨前行、彰显中国精神的人物事迹，讲述中国人民的点滴故事。第二届大赛主题为"中国智造"，中国智造是我国加快推进产业结构调整，适应需求结构变化趋势，完善现代产业体系，全面提升产业技术水平和国际竞争力的一项重要发展战略，反映了当代中国的科技成就，体现了中国人民勇敢投身创新创业、精益求精的工匠精神。与第二届大赛主题相比，第三届大赛主题侧重点不在于科技，而在人。当看到"中国人物"这个选题时，参赛者通常会选择一个家喻户晓的人物，比如袁隆平、屠呦呦、钟南山等，因为他们的事迹显赫，对我们的生活作出了很大的贡献，可选择的素材相对丰富一些，熟知度也更高，但也有人会选择生活中默默无闻的底层人物，比如出租车司机、山城棒棒军等，这些群体虽无名，但更贴近我们的生活，与我们息息相关。无论选择哪种人物，我们都需要从他的事迹、他的贡献以及所带来的影响等方面对其进行深刻剖析，这样在讲述时才能做到言之有物。

在赛事规则上，视频时长由90秒增至120秒，参赛者的作品内容可以更为丰富具体，在晋级规则上也增加了不同的考查维度。

1.分数排名前10%的参赛作品。

2.哔哩哔哩平台点赞排名前20的未晋级作品。

3.外卡赛：在2021、2022年国才考试中获得中级优秀、高级良好及以上、高端合格及以上、高翻基本合格及以上的考生可享外卡资格。外卡赛将根据选手的国才考试成绩排名，前30名直通全国决赛（如队伍中有多人有外卡资格，则取最高成绩进行排名）。

全国决赛由专家评审和大众投票两个环节组成，英语、多语种作品共同评审。经由专家评审选拔出的全国20强作品，将发布于哔哩哔哩"国才君"账号和"国才考试"视频号等官方平台，届时开启大众投票通道，最终将以专家评审分数（80%）与哔哩哔哩网站投票数、"国才考试"视频号点赞量之和（20%）加权计算，决出冠、亚、季军，全国一等奖获得者。

规则上的变化意味着评分标准与侧重点的转变，提醒参赛选手应注意培养以下几种能力。

（1）专业能力。该赛事对于外语专业的同学来说，主要侧重的是对视频旁白的翻译以及口语能力。决赛中的专家评审和大众投票由第二届的六四占比变为八二占比，这表明对参赛选手的专业素养提出了更高的要求。

（2）创新能力。本次大赛吸引了来自全国729所院校的1万多名大学生积极参与，投稿作品总计近4000份，涵盖9个语种。在如此激烈的竞争中，想要脱颖而出，吸引大众和评审的目光，必须在视频拍摄、素材选择以及讲述方式上跳出局限，进行创新，以提高播放率和点赞量。但需要注意的是，创新也需要立足现实，不可天马行空。

（3）视频剪辑美化能力。该赛事为"短视频大赛"，除了专业能力，视频的美工也极为重要。视频封面、流畅度及其他的视频剪辑技巧都是获得高分的重要因素。这也提醒我们，一个团队除了具备专业素养，技术也是不可或缺的。

（二）常用技巧与策略

1.视频内容：给人以启迪并与主题契合；材料真实、典型、新颖，事迹感人、实例生动，反映客观事实，具有普遍意义，体现时代精神；镜头切换自然，背景音乐搭调；画面播放清晰流畅，字幕字体和大小与画面和谐；画面描述可参考同类型的其他视频或纪录片，从中寻找灵感。

2.语言表达：参赛者语言规范，吐字清晰，无语法错误；讲述时表达准确、流畅、自然；饱含感情，真情流露，避免同机器人一般毫无感情地从头讲到尾，让人无法与讲述者共情，也无法体会到讲述者的情绪；视频字幕既要有中文的意境，同时也要符合外语的表达习惯，具有逻辑性。

3.视频拍摄：提前确定好出镜演员、导演、摄影等，以及准备好相机、支架、录音设备、其他道具等；拍摄地点最好选择距离学校较近的地方，来回路程不用花费太长时间；拍摄时间最好选在周末，避免与上课时间冲突。

4.字幕翻译：可与团队的专业指导老师进行合作，也可以在网上搜寻与该人物相关的外语新闻来规范字幕的语法、词语搭配和拼写等。

（三）心态能力

比赛是一次检验自己实力和能力的重要机会，也是一次考验自己心态和素质的试练。参赛者不仅能充分体验到比赛的艰辛和挑战，还能在这个过程中发现自身的优势和不足。

比赛的心态能力，首先表现为面对竞争的勇气和决心。比赛中，每个人都渴望胜利，然而，真正的胜利并不是在他人面前展示你的优势，而是在于克服自我、超越自我。每一次比赛都是一次对自我的挑战，需要我们有足够的勇气和决心去面对。

在这个过程中，我们需要保持积极的态度，保持对自我能力的信心。我们不能因为对手的强大而感到恐惧，也不能因为失败的阴影而退缩。要相信自己的实力，相信自己的潜力，相信自己能够战胜困难，实现自我价值。

比赛的心态能力，还表现在对压力的应对上。比赛中，压力是不可避免的。要学会在压力下保持冷静，保持清醒的头脑；要学会调整自己的心态，把压力转化为动力，把挑战视为成长的机会；要学会在压力下保持乐观，坚信自己能够克服困难，取得成功。

比赛的心态能力，也体现在对失败的接受和理解上。失败并不可怕，可怕的是失去面对失败的勇气。我们要学会从失败中吸取教训，从失败中寻找成长的机会，也要学会接受失败，理解失败，把失败当作成功的垫脚石。只有这样，我们才能在失败中不断成长，不断提高自己。

比赛的心态能力，更是一种自我超越的精神。比赛不仅是比拼技能和实力，更是比拼心态和精神。我们要有敢于挑战自我、超越自我的精神，要有不断追求卓越、追求完美的精神。只有这样，我们才能在比赛中展现出最好的自己，实现自己的价值。

此外，比赛的心态能力还体现在团队合作中。在比赛中，我们不仅要展现自己的实力，更要学会与他人合作，学会倾听他人的意见和建议，学会尊重他人的优点和长处。我们要有包容心和同理心，能够接纳不同的观点和意见，能够在团队中找到自己的位置，发挥自己的作用。

在团队合作中，我们还要学会处理人际关系。我们要学会与他人建立良好的关系，建立信任和友谊，也要学会倾听他人的声音，理解他人的需求和期望。只有这样，我们才能在比赛中发挥出最佳的团队效能，取得最终的成功。

总的来说，比赛的心态能力是一种综合能力，涉及我们的勇气、决心、抗压能力、自我超越精神、团队合作能力等多个方面。这些能力不仅在比赛中至关重要，在我们的日常生活中也具有广泛的应用价值。

无论是在学习、工作还是生活中，我们都会面临各种挑战和困难。只有拥有良好的心态能力，才能更好地应对这些挑战和困难。因此，我们应该时刻保持积极的态度，不断地提高心态能力，以便在各种场合中能展现出最好的自己。

外教社杯"讲述中国·联结世界"
全国西班牙语之星演讲大赛

徐亿铭[①]

摘要： 外教社杯系列比赛是上海外语教育出版社（简称"外教社"）承办的全国性外语学科竞赛。截至2023年，外教社杯西语之星演讲大赛已经成功举办十一届。该赛事以激励选手学习动力、锻炼选手演讲能力、培养选手思辨能力、展现选手综合风采为主要目标，旨在创新西班牙语课程思政模式，推动专业课程体系建设，加强全国高校间的人才互动，构建中国西语学子思想碰撞的高端平台，引领新时期西语人才培养趋势。本文将从发展历程、比赛赛制、参赛流程、能力要求等内容全面展示该项赛事，为参赛选手提供一个清晰的参赛指南，为国际化人才培养提供有益的借鉴。

关键词： 西班牙语；国际化人才；演讲

[①] 徐亿铭，四川外国语大学西方语言文化学院西班牙语专业2022级学生。

一、赛事简介

2023年外教社杯"讲述中国·联结世界"全国西班牙语之星演讲大赛由上海外国语大学和西班牙皇家学院联合研究中心主办，外教社承办，西班牙桑坦德银行和上海银行赞助，以全国普通高等学校西班牙语专业本科生为参赛对象，是国内高校西班牙语界一项大规模、高水平赛事。本次大赛旨在创新西班牙语课程思政模式，推动专业课程体系建设，加强全国高校间的人才互动，构建中国西语学子思想碰撞的高端平台，引领新时期西语人才培养趋势。通过大赛选拔出国际视野开阔、爱国情怀浓厚、人文素养扎实、演讲水平高超，能够用西班牙语讲好中国故事、在国际舞台上展现当代中国形象的高素质西班牙语人才。

在中国和西班牙建交50周年之际，外教社杯全国西班牙语之星演讲大赛于2023年6月正式启动。大赛分设低年级组（大一、大二年级）和高年级组（大三、大四年级）两个组别。初赛以"讲述中国·联结世界"为主题，通过录制演讲视频的形式进行选拔；决赛通过演讲、辩论、问答等多种形式，全方位考查选手的西班牙语语言表达能力和国际传播综合实力。本次大赛是一个激励学习动力、锻炼演讲能力、培养思辨能力、展现综合风采的舞台，推动我国西班牙语教学的发展，发现并培育新时代国家发展所需要的高素质外语人才。

二、比赛赛制

（一）初赛赛制

初赛阶段为全国大赛，参赛者以"讲述中国·联结世界"为主题，个人录制西班牙语演讲短视频。

1.比赛形式

大赛组委会对提交的初赛视频进行专业选拔评定，选出低年级组和高年级组优秀选手，进入决赛。

2.初赛报名方式

2023年6月20日前扫描二维码，填写相关个人信息报名参赛。

3.初赛视频录制要求

视频时间：低年级组2分30秒—3分钟，高年级组3分钟—3分30秒。视频时间过长过短均视为无效。

视频内容：参赛选手出镜录制西班牙语演讲，但视频中不得出现参赛选手的学校名称、校徽、姓名等任何个人信息。

视频质量：图像清晰，声音流畅，无杂音。

视频格式：avi、mpeg、mp4、flv、rmvb、rm。

视频提交方式：选手通过百度网盘提交视频后，将提取链接和提取码在指定时间前发送至大赛专用邮箱：sisuxiyu@163.com。视频文件统一命名为"参赛组别+学校名称+选手姓名"。

视频提交截止日期：2023年7月20日。

初赛结果公布日期：2023年8月中旬。

（二）决赛赛制

时间：2023年9月15日。

地点：上海外国语大学松江校区国际教育中心。

1.低年级组

命题演讲：选手根据赛前所给命题自行准备；演讲时间限时3分30秒；演

讲完毕后在1分30秒内回答评委的提问；评委打分，并于高年级组比赛结束后一并公布最终结果。

2.高年级组

第一轮命题演讲：选手根据赛前所给命题自行准备；每位选手演讲时间限时3分30秒；评委打分，从12名选手中选择8名选手晋级第二轮比赛。

第二轮1V1辩论：选手根据赛前所给辩题自行准备；8位选手现场抽签分组，并抽取辩题和正方/反方，现场进行一对一辩论；每组两位选手分别进行自由陈述，陈述时间限时2分钟，然后进行自由辩论，两位选手分别有3分钟的自由辩论时间，选手发言分别计时，直至3分钟用完为止；评委打分，从8名选手中选择4名选手晋级第三轮比赛。

第三轮舌战群儒：四强选手现场随机抽取号码，现场观看号码所对应的新闻或纪录片的短视频后，针对视频内容即兴阐述观点，并回答评委提问；视频内容与当前政治、经济、外交、社会、文化等时事热点相关，评委打分并公布最终结果。

总决赛结果公布：现场公布。

奖项：

低年级组：冠军1名，亚军1名，季军2名，一等奖8名，二等奖12名，三等奖10名，优胜奖27名。

高年级组：冠军1名，亚军1名，季军2名，一等奖8名，二等奖12名，三等奖17名，优胜奖38名。

三、赛事准备与参赛步骤

（一）查阅资料

在得到初赛演讲主题后，需要查阅资料并结合资料充分理解主题。以2023年初赛主题"讲述中国·联结世界"为例，此主题与近两年多数英语演讲赛事的"用英语讲中国故事"大同小异，旨在用多种语言向世界传递中华传统文化，让世界听到中国声音，充分理解主题后构思如何写稿。"讲述中国·联结世界"可以从以下几个方面进行解构。

讲述中国。这部分主要强调的是对西班牙语的传播和教学。西班牙语是一门全球使用人数众多的语言，讲述西语意味着传播这门语言，让更多的人了解和学习它。

联结中国。这部分强调的是西班牙语在全球范围内的影响力。作为一种世界语言，西班牙语是联结不同国家和地区的重要工具。通过学习西班牙语，可以更好地沟通和理解其他国家和地区的人，从而促进国际交流与合作。

文化交融。讲述中国和联结世界之间还存在一种文化交融的意义。西班牙语是西班牙和许多拉丁美洲国家的官方语言，学习西班牙语意味着了解和接触到这些国家的文化。这种文化的交流和碰撞，可以促使人们更好地理解和尊重不同的文化，实现真正的世界联结。

全球化背景下的语言重要性。在全球化的大背景下，掌握一种世界语言如西班牙语，对于个人和企业来说具有重要的战略意义。它可以帮助个人和企业更好地适应和参与全球化的进程，获取更多的机遇和挑战。

综上所述，"讲述中国·联结世界"这个主题旨在强调西班牙语在全球化背景下的重要性和影响力，以及通过学习这门语言实现世界联结的意义。

（二）写稿

要充分理解演讲主题，结合作品提交规则，将时间控制在3分钟之内，所以要控制演讲稿篇幅。

（三）背诵、练习

熟练、流畅地背诵、记忆演讲稿是必不可少的，千万不能偷懒选择不背，磕磕巴巴或者念稿，就算比赛规则允许念稿，也绝对不可以直接念稿，否则演讲效果会大打折扣。同时，对语音语调的把握、眼神交流以及姿态控制都有极高的要求，以下是几点背稿技巧。

分段背诵：将演讲稿分成若干段落，逐一攻克。这样可以避免一次性背诵过长篇幅导致的压力，也有助于提高记忆效果。

重点记忆：对于每个段落中的关键句子和重点词汇，要特别加以记忆。这样可以确保在演讲过程中不会出现卡壳的情况。

创造情境：根据演讲稿的内容，想象一个具体的情境。这样可以更容易理解和记忆演讲稿，同时也有助于在实际演讲中更自然地表达。

多次重复：反复背诵和朗读演讲稿，加深对每个段落和词汇的印象。重复次数越多，记忆效果越好。

模拟演讲：在背诵过程中，模拟实际演讲环境进行练习。这样可以更好地熟悉演讲稿，提高自信心。

录音自评：录制自己的演讲过程，然后听取录音进行自评。这样可以找出自己的不足之处，不断改进。

与他人交流：与有经验的老师或者同学分享录音，听听他们的点评。

合理安排时间：合理安排背诵时间，避免临近比赛或演讲时才开始背诵。

这样可以确保有足够的时间进行复习和调整。

保持积极心态：在背诵过程中，保持积极心态至关重要。相信自己的能力，相信自己可以完成演讲任务。

（四）视频录制

按照视频要求进行录制，一般是横屏，可以将手机或者相机固定在某处，如果是个人录制，可以使用前置镜头，这样可以随时看到镜头中自己的表现。建议把手机摄像头当作观众或是评委，目光不要飘，要紧盯镜头，这样呈现出的效果才会更好。注意肢体动作，保持放松不要紧绷僵硬，可以适当根据演讲稿内容加一些动作，但是不能太刻意，以松弛感为主，外语类演讲就像脱口秀，不必时刻保持端庄，要与评委有眼神交流，与观众有互动。

四、赛事能力要求

（一）口语能力

在西班牙语演讲比赛中，拥有流利的口语能力的重要性体现在以下几个方面。

1.沟通表达：演讲的本质是传递信息、观点和情感，口语是实现这一目标的关键。一口流利、清晰、富有感染力的口语能够使演讲者与听众（尤其是评委）建立起良好的沟通，使演讲更具吸引力。

2.自信展现：良好的口语能力体现了演讲者的自信和专业素养。在演讲比赛中，选手的口语水平不仅影响他们的表现，也会影响到评委和听众对他们能力的评价。

3.知识传递：演讲比赛中的主题通常具有一定的专业性，选手需要用口语将复杂的概念和观点阐述清楚，以便听众理解和接受。

4.文化融入：口语表达能反映出演讲者的文化背景和价值观。在外语演讲比赛中，选手需要运用目标语言的文化知识和表达方式，使演讲更具说服力和感染力。

5.互动效果：演讲比赛中，选手与评委、听众的互动环节往往通过口语进行。有效的互动可以拉近选手与观众的距离，提高比赛的观赏性。（虽然初赛是线上进行，但决赛是现场比拼，所以也需要这样的互动感。）

6.应变能力：演讲比赛中，选手可能遇到突发情况，如提问、反驳等。良好的口语能力有助于选手应对这些情况，展示应变能力。（特别是此次比赛的高年级组赛道决赛，更是采用了西班牙语辩论的形式，对口语、思维、灵活应变能力和逻辑都有极高的要求。）

总之，在外语演讲比赛中，口语的重要性不言而喻。选手应通过不断训练和积累，提高口语水平，以争取更好的比赛成绩。同时，口语能力的提升也有助于选手在未来的学术、职业和社交场合中更好地展现自己。

首先，参加西班牙语演讲比赛需要具备以下口语能力。

语音语调准确：选手需要掌握西班牙语的发音规则，使得发音清晰、准确，同时注意语调的变化，使演讲更加生动。

表达自然流畅：选手应确保演讲过程中的语言表达流畅，避免过多地停顿和重复。（注意不要盲目追求语速而忽略细节发音。）

词汇丰富：选手应具备一定的词汇量，以便在演讲中能够自如地表达各种观点和情感。

语法正确：选手需要掌握基本的西班牙语语法规则，确保演讲内容的正确性。

逻辑清晰：选手应具备良好的逻辑思维能力，使演讲内容条理清晰，易于理解。

文化素养：了解西班牙语国家的文化背景，使演讲更具吸引力。

其次，以下是几种提升口语能力的方法。

多听：通过收听西班牙语广播、观看西班牙语电影和电视剧等，模仿母语使用者的发音、语调和语速。

多说：抓住一切机会与母语使用者进行交流，不怕犯错，勇于开口。可以参加语言角、加入线上语言交流群组，或寻求外教的一对一辅导。

多读：阅读西班牙语图书和报刊上的文章，扩大词汇量，了解当地文化。

多写：撰写西班牙语日记或短文，锻炼语言组织能力。

参加演讲比赛：通过参加各类演讲比赛，提高自己的口头表达能力，同时积累舞台经验。

学习发音技巧：参加语音课程，掌握发音规则，提高发音准确性。

非语言提示：观察母语使用者的肢体语言、面部表情等非语言提示，加深对语言的理解。

总之，提升西班牙语口语能力需要不断地练习、积累和挑战自己。

（二）肢体语言

在演讲比赛中，肢体语言的重要性不言而喻。它不仅是演讲者与听众沟通的桥梁，还是塑造演讲者形象、传达演讲内容的关键因素。以下是肢体语言在演讲比赛中的重要性体现。

增强表现力：肢体语言丰富多样，可以增强演讲的表现力，使演讲更加生动、有趣。通过运用得体的肢体动作，演讲者可以更好地表达自己的情感和观点，让听众更容易产生共鸣。

提升感染力：肢体语言具有很强的感染力，可以激发听众的情感共鸣。演讲者运用恰当的肢体动作，能够拉近与听众的距离，使演讲更具吸引力。

强化信息传递：肢体语言可以强化演讲者所传递的信息。通过肢体动作的辅助，演讲者可以将观点更加明确地传达给听众，有助于加深听众对演讲内容的理解和记忆。

展现自信：自信的肢体语言可以展现演讲者的自信和气场。在演讲比赛中，演讲者需要展现出自信的姿态，以赢得评委和听众的信任和支持。

营造氛围：肢体语言可以营造出不同的氛围，从而引导听众进入演讲者所要表达的情感世界。通过运用得体的肢体动作，演讲者可以营造出符合演讲主题的氛围，使听众更加投入。

强化沟通效果：肢体语言有助于加强演讲者与听众的沟通。演讲者可以通过观察听众的肢体反应，了解他们的情绪和需求，进而调整自己的演讲内容和方式，以达到更好的沟通效果。

肢体语言包含——

站姿：站姿要求端正、自然，略前倾，目视正前方。两种常见的站姿分别是"丁"字步和"稍息式"。

手势：手势是表达观点和情感的重要方式。演讲者应掌握适当的手势，如指向、强调、比画等，以增强演讲的感染力。

眼神：眼神交流是建立与听众联系的关键。演讲者要学会用眼神表达情感，与听众产生共鸣。（不要老盯着一处看，可以环视四周，在不同的时间点看向不同的方向，像新闻播报一样，不要太刻意，要游刃有余。）

表情：表情是情感的窗户。演讲者应学会根据演讲内容调整面部表情，以增强演讲的吸引力。

行走：演讲者在台上要走稳、自然，避免不必要的动作和过于紧张的姿态。

以下是提升肢体语言能力的方法——

模仿优秀演讲者：通过观看优秀演讲者的视频（如TED），学习他们的肢体语言，模仿他们的站姿、手势、眼神等。

参加肢体语言培训课程：报名参加专业的肢体语言培训课程，学习如何运用肢体语言传达信息、情感等。

舞台实践：多参加演讲比赛和实践，不断提高自己在舞台上的表现力。

录音录像：对自己的演讲进行录音录像，回放时分析自己的肢体语言是否恰当，以便进行改进。

互动练习：与朋友或家人进行演讲练习，邀请他们担任听众，给予意见和建议。

（三）互动性

在外语类演讲比赛中，互动的重要性不言而喻。它不仅能帮助选手更好地与观众建立联系，提升演讲的吸引力，还能展示选手的应变能力和口语交际技巧。以下是提升演讲比赛互动性的一些建议。

目光交流：选手在演讲过程中应与观众保持充分的目光交流，这能让观众感受到选手的诚意和自信，让演讲更具亲和力。

提问与回应：在演讲中适时提出问题，并鼓励观众回应，可以拉近与观众的距离，增强互动效果。此外，选手要学会倾听观众的回答，并根据回答调整演讲内容。

即兴演讲：在即兴演讲环节，选手可以运用幽默、增加悬念等手法，激发观众的兴趣，引导他们积极参与互动。

肢体语言：丰富的肢体语言可以表达选手的情感和态度，同时吸引观众的注意力。选手应学会运用得体的肢体语言，与观众建立良好的沟通。

观众参与：组织观众参与演讲环节，如小组讨论、角色扮演等，使观众成为演讲的一部分，增强比赛的互动性。

评委与观众互动：评委在提问和点评环节，可以与观众互动，分享自己的观点和经验，提高比赛的观赏性。

文化差异：在演讲中融入文化差异元素，使观众产生共鸣，提高互动效果。

总之，提高西语演讲比赛的互动性，选手需在演讲内容、表达方式、与观众的互动等方面下功夫。通过不断练习和总结经验，选手可以提升自己的互动能力，为比赛取得更好的成绩奠定基础。

（四）强大的心理素质

外语类演讲比赛对心态的要求很高，因为选手需要在比赛中展示自己的语言能力、沟通技巧和思维敏捷度。要保持良好心态，可以遵循以下几点建议。

自信：自信是成功的基础。选手应在比赛中相信自己的实力，坚信自己能够完成演讲任务。自信可以通过充分的准备和训练来建立，例如多次练习演讲、熟悉比赛规则和流程等。

冷静：面对比赛中的压力和挑战，保持冷静至关重要。冷静可以帮助选手在关键时刻保持头脑清醒，更好地应对各种突发情况。平时可以通过冥想、深呼吸等方法锻炼自己的冷静素质。

专注：在比赛中，选手需要全神贯注地关注演讲内容、听众反应和评委评价。可以通过专注力训练游戏、练瑜伽等方式提高专注力。

积极：保持积极的心态对于选手在比赛中取得好成绩至关重要。积极的心态可以帮助选手面对困难，激发内在潜能，实现超水平发挥。平时可以通过阅读励志书籍、与他人交流积极经验等方式培养积极心态。

调整预期：合理设定比赛目标，不过分追求完美，避免给自己带来过大压力。调整预期可以帮助选手在比赛中保持轻松的心态，更好地应对各种挑战。

适应压力：学会适应比赛中的压力，将压力转化为动力。可以通过模拟比赛、参加培训课程等方式提高自己应对压力的能力。

情绪管理：在比赛中，情绪波动是正常的。关键是要学会及时调整情绪，避免情绪影响比赛表现。可以通过锻炼、听音乐、倾诉等方式缓解情绪。

总之，在外语演讲比赛中，具备良好的心理素质、保持良好心态至关重要。选手需要通过日常训练和心理调适，培养自信、冷静、专注、积极等心态素质，以应对比赛中的各种挑战，发挥出最佳水平。同时，合理设定目标，适应压力，调整情绪，有助于选手在比赛中保持良好心态。

五、我校参赛历程及成绩

姓名	参赛组别	奖项
徐亿铭	低年级组	二等奖
倪妍	高年级组	优胜奖
蒋思怡	高年级组	优胜奖

"大湾区杯"全国高校外语专业区域国别学知识能力竞赛

倪　妍[①]

摘要："大湾区杯"全国高校外语专业区域国别学知识能力竞赛由深圳大学外国语学院主办，是响应时代召唤、面对世界百年未有之大变局做出的创新之举，是促进外语学科转型、培养国际化复合型人才的必然之举。本文从赛事简介、赛事安排、2023年赛况详情、赛事能力与要求、赛事准备和我校参赛历程及成绩六个方面着手，对该比赛进行详细介绍，分析比赛规则，挖掘比赛内涵，旨在为选手提供力所能及的备考思路。

关键词：区域国别学；外语专业；能力要求

一、赛事简介

2023年"大湾区杯"全国高校外语专业区域国别学知识能力竞赛由深圳大

---

① 倪妍，四川外国语大学西方语言文化学院2020级西班牙语专业本科生，现为上海外国语大学2024级硕士研究生。

学外国语学院、深圳市国际交流合作基金会及深圳大学区域国别与国际传播研究院主办，涵盖英语、西班牙语、德语、法语、日语5个语种，是深圳大学建校四十年来第一次主办的全国规模学科竞赛，旨在提高学生对区域国别学知识的兴趣、对研究的热情和解决问题的综合能力，为国家培养"外语+区域国别学"复合型人才。本届比赛聚集了北京外国语大学、上海外国语大学、中国人民大学、浙江大学、南京大学、中山大学、北京航空航天大学、武汉大学、厦门大学、南开大学、吉林大学、山东大学、同济大学、外交学院、深圳大学等228所全国各地高校、从本科到博士各阶段的1305名选手参赛，其中英语组392名，德语组114名，法语组235名，西班牙语组396名，日语组168名。

该赛事始创于2022年的"大湾区杯"高校西班牙语专业区域国别学知识能力竞赛，由深圳大学区域国别与国际传播研究院、深圳大学外国语学院西方语言系和拉丁美洲研究中心共同举办，参赛语种为西班牙语。

2022年9月，国务院学位委员会、教育部公布了新版《研究生教育学科专业目录》，在"交叉学科"门类下新增"区域国别学"一级学科。国家对区域国别学研究的重视为外语学科转型和人才培养模式创新提供了重要机遇。我国高校各外语专业应顺应时代潮流、服务国家战略，在"新文科"建设背景下借助区域国别学的学科发展机遇探索"外语+"人才培养之道。在中华民族伟大复兴战略全局和世界百年未有之大变局下，培养具有国际宏观视野、学科交叉意识、解决实际问题能力的国际复合型人才是深刻领会国家发展需求的发力点，推动构建人类命运共同体的着力点，推进更高水平对外开放的关键点。[①]

---

① 参见深圳大学外国语学院官网。

二、赛事安排

（一）竞赛内容

1.以竞赛各语种为母语的国家历史、地理、文化、政治、经济、社会等常识问题；

2.以竞赛各语种为母语的国家和中国当前的政治、经济、社会热点问题；

3.中外关系的热点问题。

（二）竞赛语言

英语、日语、德语、法语、西班牙语。

（三）参赛人员

全国高校英、日、德、法、西班牙语专业本科生、研究生。

（四）赛程安排

初赛：2023年3月25日（线上初赛+复试）。

决赛：2023年5月13日（线下）。

总决赛：2023年5月13日（线下）。

（五）竞赛环节和具体形式

竞赛环节

1.初赛

初赛采取线上答题模式，主要内容为常识性问题，形式为选择题等客观题，题目选用语言为外语。各语种初赛成绩前10名选手进入面试环节。

2.面试

由深圳大学外国语学院各语种专业负责人对选手进行线上面试，每个语种各自选拔出6名选手进入决赛环节。

3.决赛

决赛采取线下模式，主要内容为当前热点问题，形式为辩论、即兴演讲、答辩等主观题，评委根据选手外语水平、逻辑思路、知识面、台风仪表等表现打分。各语种决赛分别决出一等奖1名，二等奖2名，三等奖3名，各语种第一名参加总决赛，决出总冠军。

竞赛具体形式

1.各语种决赛（使用外语）

（1）辩论：6名选手分为正反两方各3人，就一个给定论题展开辩论，采用三对三辩论的方式，包括立辩、申辩、自由辩论和结辩四个环节。

（2）用外语讲好中国故事：每名选手就一个给定情景进行即兴表演，并回答评委提问，考查选手如何用外语解决国际交往中的现实问题。

2.总决赛（使用汉语）

（1）演讲：每名选手就一个给定主题进行即兴演讲，考查选手对当前热点问题的综合理解和认识水平。

（2）"为国献策"：每名选手就给定主题进行即兴演说，为城市、国家、世界的发展问题献计献策。

三、2023年赛况详情

1.决赛

（1）辩论

辩论题目——全球化会带来文化趋同/全球化会带来民族文化的勃兴。

本环节从全球化对各国文化的影响入手，正方持全球化会带来文化趋同观点，而反方持全球化会带来民族文化的勃兴观点。环节设计意在引导选手思考作为外语人才对全球化这一现象的理解，并用外语准确流利、条理清晰地表达自己的观点与见解，要求持之有故，言之成理，由此对选手语言水平和思辨能力进行双重考验。

（2）即兴演讲：用外语讲好中国故事

各选手在现场从以"用外语讲好中国故事"为主题的六个题目中抽签。每人现场准备8分钟，随后即兴演说4—5分钟，并在演讲后回答评委问题3分钟。

题目涉及话题包括新时代中国外交思想、大国关系、"一带一路"、人类命运共同体、中国道路、中国改革开放和经济政策等，角度新颖、立意高远，希望选手在熟知国家大政方针的基础上用外语向世界传播中国声音，增信释疑，展现一个真实立体全面的中国，为推动构建人类命运共同体不懈努力，为世界发展提供中国方案、中国智慧和中国力量。

2.总决赛

总决赛赛题高瞻远瞩，赓续拓宽立意的深度与广度，立足中国特色大国外交，启发选手兼备家国情怀与国际视野，以雄韬伟略彰显大国青年气度，以掷地有声的思考与担当描绘祖国恢宏发展蓝图。

（1）演讲

本环节为汉语演讲，要求选手结合自身学习和国际交流经验，介绍对语言对象国的认识、国家间关系现状和未来的想法，并畅想日后能为中国对外交往作出的贡献。

（2）为国献策

本环节为"为国献策"情景展示环节，赛题独创新颖、立意深远，切国家外交发展之肯綮，设置具体实际的生动场景，从深圳市国际交流合作基金会的工作人员、联合国工作人员、使馆商务处官员到联合国教科文组织的工作人员、孔院教师，职业身份无一不与祖国外交事业紧密相连；无论是开展深圳市国际交流合作、为中国与他国的生态环境保护合作构想方案、为维护我国企业的海外利益和投资安全提出投资建议，还是设计增进文明互鉴的文化交流活动、传播中国的隐性文化，无一不以入木三分的深度，在给予选手思考与启发的同时，也为他们展现新时代青年才智提供了广阔舞台。

四、赛事能力与要求

本节将分别从初赛、决赛、总决赛入手，就各环节对选手的能力要求进行细致解读，以便选手能够有针对性地提高自身能力。初赛要求选手有广阔的知识面，决赛注重其对语言的掌握能力、口语表述能力及逻辑思考能力，总决赛则要求选手对特定领域有深入独到的见解。

（一）初赛阶段

初赛阶段要求选手对各语种对象国概况有基本了解，广泛涉猎，对当下时事热点做到心中有数。初赛题目为50道线上常识选择题，题干为外语，话题涉及政治、经济、文化、社会等各个领域，其题型与西班牙语专业八级的常识题较为相似，但考查内容更加细致，涉及领域更加多样。

（二）决赛阶段

决赛由两部分组成，即辩论和即兴演讲。其中，辩论环节可分为赛前准备环节与现场辩论环节。

赛前准备环节主要考查选手对辩题的深入思考能力、资料搜寻能力以及团队协作能力。由于参赛选手大多来自不同高校，事先并不认识，要在一个月内搭建一套完整的外语辩论体系，如何高效畅通地进行沟通并达成共识是选手们遇到的第一个难关。此外，对于目前国内各小语种专业而言，学生的外语辩论能力与批判思考能力有较大缺陷，尚未形成较为完整成熟的培养体系，因而，辩论本身便是一项挑战。对于此前有辩论经历的同学而言，如何用外语流利地辩论是其主要考虑的问题，而对于此前未有过辩论经历的同学而言，除了要掌握流利的外语表述能力之外，当务之急是学习辩论，掌握辩论方法，了解辩论策略。

现场辩论环节主要考查以下几点。

1.扎实的专业基础。能够及时联想到合适的外语表达，理清基本语法表述，单词发音正确，清楚传达自己的想法。

2.良好的心态。避免因为紧张而出现口齿不清、词不达意、通篇读稿甚至是一言不发等问题。

3.出色的随机应变能力。面对事先未准备到的对方观点能够及时进行小组沟通，想出对策，对原先准备的资料迅速进行调整。

4.默契的团队配合。既要给队友留出充足的发言时间，也要能在队友卡顿时适时补充，时刻注意队友的表述，避免出现自相矛盾或重复表述等问题。

5.对辩论全场的掌控力。尤其是对于主力辩手或者队长而言，要引导辩论节奏，将主动权抓在己方手中，不要被对方牵着鼻子走，在适当时候可以巧妙配合手势、身姿、眼神等辅助性技巧，增强自身气势。

即兴演讲环节主要考查以下几点。

1.对语段题目的理解能力。即兴演讲环节准备时间为8分钟，选手需要抓住题目重点，进行思考。

2.前期的个人积累。演讲题目围绕国家大政基本方针，要求选手在日常生活中关心国家大事，积累相关专业术语，并保持深度思考。

3.谋篇布局能力。选手需要利用短短的几分钟准备时间打腹稿，形成一篇较为完整且流畅的演讲稿，主次分明，重点突出。

4.口语表达能力。掌握一定的演讲技巧。

（三）总决赛阶段

总决赛由两部分组成，即演讲和"为国献策"环节。使用语言均为汉语，对选手的要求从基本的外语能力跃升至对国家发展问题的独到见解。

汉语演讲环节要求选手立足自身学习经历、交流经验，讲述自己对语言对象国的认识、国家间关系现状和未来的想法；"为国献策"环节要求选手就相关主题进行即兴演说，为城市、国家、世界的发展问题献计献策。这两个环节对选手能力的要求综合在一起恰恰是区域国别研究人才基本能力的缩影。

选手需要确定其主要研究对象国，持续跟踪对象国发展动态，掌握对象国舆情，搭建对象国沙盘，具备跨专业、跨领域的思维，广泛涉猎法律、投资、基建、国际传播等多领域，既通晓某一领域的专业问题，也对其他各领域有基本了解。2023年总决赛的主题为"为国献策"，这也对选手提出了更具体、更深入的要求，选手要牢牢把握国家发展战略，知晓对象国与本国发展合作过程中的痛点所在，并有所思考，提出切实可行的解决办法。

北京大学钱乘旦教授在《为什么需要"区域国别学"？》一文中，对区域国别研究领域专门人才应具备的特殊知识能力做了详细说明："首先，他们有明确的地域意识，他们学习或研究的对象是一个国家或一个地区，而不是泛泛而谈的所谓'国外'；其次，他们对这个国家或者地区的各种知识有比较全面的了解，而不是零零星星的某些方面；再次，他们掌握对象国或地区的语言，能够用当地语言阅读、交流，从而得到最直接的信息；最后，他们在当地生活过，有直接的生活体验，能够把书本知识和实践知识结合起来。"[①]笔者以为，选手可以按照钱乘旦教授提出的要求，进行长期的自我培养、自我发展，导向性地进行专业学习与探索。

五、赛事准备（以西班牙语专业为例）

（一）长期关注西语世界新闻，广泛阅读

推荐网站

国内媒体：中华人民共和国外交部官网西语版、新华网西语版、人民网西语版、中国共产党历史和文献网等。

国外媒体：西班牙《国家报》《世界报》，阿根廷《号角报》、Infobae，乌拉圭《观察者报》等。

（二）关注国内外拉美研究、西班牙研究，学习相关区域国别理论

推荐图书

《拉美文化概论》《西班牙—拉美文化概况》《拉美黄皮书：拉丁美洲和加

---

① 钱乘旦：《为什么需要"区域国别学"？》，《北京日报》，2023 年 3 月 29 日。

勒比发展报告（2021—2022）》《感受拉丁美洲》《拉美专家看中国系列》《新编区域国别研究导论》《区域国别研究的理论与实践：基于北大的探索》《区域国别研究学刊》《区域国别研究：历史、理论与方法》《区域国别讲演录》等。

（三）参加辩论活动，掌握辩论技巧

推荐比赛视频

国际大专辩论赛、海峡两岸大学生辩论赛、国际大学群英辩论会、捭阖全国辩论赛等。

（四）培养演讲思维，锻炼口语表达

推荐图书

《西班牙语演讲教程》《西班牙语读写教程》《汉西翻译教程》等。

推荐视频

TED西语演讲、全国西班牙语之星演讲大赛等。

六、我校参赛历程及成绩

四川外国语大学西方语言文化学院紧跟国家发展战略步伐，服务地方经济社会的发展，落实立德树人根本任务，不断加强内涵建设。充分发挥学校办学特色，本着"依托川外，立足重庆，服务西南，面向全国，放眼世界"的服务理念，以"厚德、笃行、多元、融通"为院训，努力构建跨学科高端外语人才培养体系，在"新文科"建设背景下，在继续强化传统语言、翻译、文学和文化研究的基础上，大力开展区域国别研究，注重应用研究型转型，服务国家战略和地方经济社会发展需求，旨在培养专业知识扎实、实践能力过硬、家国情怀深厚的复合型外语人才。

　　自2022年"大湾区杯"高校西班牙语专业区域国别学知识能力竞赛举办以来，西班牙语专业共有数十名同学在该系列比赛初赛获奖，连续两年有同学闯入全国决赛，并取得不错的成绩。

科普中国·绿色发展

——2022年多语种系列国际演讲大赛（非英语语种赛道）

倪 妍[①]

摘要：科普中国·绿色发展——2022年多语种系列国际演讲大赛（非英语语种赛道）由浙江大学外国语学院主办，分设英语赛道和非英语语种赛道，旨在推动加强学生多语种国际传播力建设，为学生搭建交流展示的舞台，鼓励学生学好外语、用好外语，立志投身于中外文化交流事业。本文从赛事简介、赛事安排、2022年赛况详情、赛题分析、长期赛事准备五个方面着手，对该比赛进行详细介绍，挖掘比赛内涵，结合时政材料进行分析，旨在为选手提供力所能及的备考思路。

关键词：演讲；绿色发展；党的二十大报告

一、赛事简介

2022年多语种系列国际演讲大赛由水利部交通运输部国家能源局南京水利

---

① 倪妍，四川外国语大学西方语言文化学院 2020 级西班牙语专业本科生，现为上海外国语大学 2024 级硕士研究生。

科学研究院指导，设英语赛道（面向国际、国内）和非英语语种赛道（面向国内）2个赛道，非英语语种赛道包括德语、俄语、日语、法语、西班牙语5个语种，设高中、大学两个组别，分初赛、决赛两个阶段，为全国首次举办。本次大赛主题为"科普中国·绿色发展"，旨在向世界传递中国的绿色发展理念，引领青年立志肩负民族复兴的时代责任，厚植家国情怀、拓宽思维视野、提升文化涵养、淬炼语言艺术、激发使命担当，成为中国文化国际传播的使者。

英语赛道（面向国际、国内）：由南京水利科学研究院、中国水利部大坝安全管理中心、澜湄水资合作中心、中国—东盟大坝安全能力建设中心、东盟能源中心、浙江大学、河海大学等单位共同组织开展，面向来自中国与东盟各国的青年技术人员或是目前在中国学习的东盟国家学生开展报名，旨在宣传普及大坝科学知识，交流宣传东盟及中国在水库大坝安全领域的技术经验，增强公众对水库大坝的科学认知，促进中国—东盟国家水库大坝科技成果共享，展示科技创新力量和建设人类命运共同体的大国担当。

非英语语种赛道（面向国内）：由浙江大学外国语学院、浙江大学多语种基层教学组织、中国—东盟大坝安全能力建设中心、水利部农村电气化研究所共同主办。面向国内高校和高中的在校学生开展报名，学生围绕"中国的绿色发展"主题使用非英语语种演讲，向世界展示中国的绿色发展理念，提高学生的多语种国际传播能力，讲好中国故事、传播好中国声音、让世界了解中国。

本届比赛聚集了全国98所高等院校和30所中学的参赛选手共计300份参赛演讲视频，经专家评审，共有来自全国38所高等院校的77名大学生和25所中学的64名中学生脱颖而出，入围决赛。

二、赛事安排

（一）竞赛内容

主题：中国的绿色发展。

内容：习近平总书记在党的二十大报告中就推动绿色发展，促进人与自然和谐共生做了专门论述，指出："大自然是人类赖以生存发展的基本条件。尊重自然、顺应自然、保护自然，是全面建设社会主义现代化国家的内在要求。必须牢固树立和践行绿水青山就是金山银山的理念，站在人与自然和谐共生的高度谋划发展。"

要求：参赛选手以"中国的绿色发展"为主题进行演讲，心系中国发展、担当时代使命，宣传绿色发展理念，讲好中国故事。

（二）竞赛语言

英语、日语、德语、法语、西班牙语。

（三）参赛人员

1.大学组：参赛选手须为国内高校非英语语种专业（限德语、俄语、日语、法语、西班牙语专业）全日制在读本科生。

2.高中组：参赛选手须为国内高中全日制在读高中生，能够熟练使用非英语语种（限德语、俄语、日语、法语、西班牙语）。

3.每位参赛选手限单人参赛，不得以团队形式参赛，可以有1—2名指导教师。

（四）赛程安排

初赛：即日起至2022年12月4日24：00（提交视频）。

决赛：2022年12月10—17日（线上）。

（五）竞赛环节和具体形式

初赛阶段

1.报名时间与方式

（1）报名截止时间：即日起至2022年12月4日24：00。

（2）报名所需材料：参赛选手需在报名截止时间前将演讲视频、多语种系列演讲大赛报名表Excel电子版、多语种系列演讲大赛报名表盖章扫描PDF版（需学生所在院系/高中加盖公章）3项材料发送至指定邮箱。

（3）报名方式：以高校、高中推荐的方式报名，每所学校经过选拔推荐各语种参赛选手不超过2人。学校或参赛选手将3项报名材料发送至指定电子邮箱，邮件主题为"语种+姓名+学校+手机号码"。

2.演讲视频要求

（1）演讲语言：德语、俄语、日语、法语、西班牙语。

（2）参赛选手根据大赛主题，自行选择内容进行演讲视频拍摄，要求视频中不出现参赛选手个人信息（如姓名、所在学校等信息），选手应脸部正面对摄像头录制视频，视频必须连续录制、同期录音、同步声画，全程不得剪辑。

（3）演讲视频时长不超过3分钟；作品格式需为MP4，清晰度为1080P（1920×1080分辨率），文件大小为50M—500M，不添加任何水印标记，视频文件命名方式为"语种+姓名+学校+手机号码"（与报名邮件主题命名方式相同）。参赛选手需同时填写《多语种系列国际演讲大赛报名表》（需学生所在院系/高中加盖公章），与视频一同发送至指定邮箱。

（4）演讲内容必须积极健康向上，以真实生活为创作素材，积极传播正能量，不得涉及色情、暴力与种族歧视等内容，不得违反国家政策法规；演讲内容应为原创内容，不得剽窃或抄袭，如有抄袭，一经发现，取消参赛资格；主办方有权对征集作品公开发表、播出推送、展览展示等。

（5）演讲视频评判标准包括演讲内容、表达效果与演讲者形象。要求：演讲内容应准确、清晰，层次分明，有逻辑性；演讲应使用标准发音，整个演讲过程需流畅且无明显语法错误，以求给人留下深刻印象；参赛选手应衣着得体、精神饱满、态度积极。

决赛阶段

根据所有参赛选手演讲视频评选出符合要求的若干位参赛选手进入决赛阶段，决赛按参赛对象、语种分组进行。

（1）定题演讲：以公布的决赛定题演讲题目进行3分钟相应语种演讲。

（2）回答问题：由评委就选手定题演讲内容提问，选手用相应语种回答问题。

（六）奖项设置

本次赛事设特等奖、一等奖、二等奖、三等奖、优胜奖等奖项，颁发荣誉证书和奖品。

本次赛事设置指导教师奖，获得三等奖及以上选手的指导教师获得相应指导教师奖。

三、2022年赛况详情

赛题展示

主题：中国的绿色发展。

内容：习近平总书记在中国共产党第二十次全国代表大会所作报告中就推动绿色发展，促进人与自然和谐共生做了专门论述，指出："大自然是人类赖以生存发展的基本条件。尊重自然、顺应自然、保护自然，是全面建设社会主义现代化国家的内在要求。必须牢固树立和践行绿水青山就是金山银山的理念，站在人与自然和谐共生的高度谋划发展。"

选手作答：选手或着眼于哲学命题，探讨人类思维方式、发展方式的自我觉醒与超越；或从绿色清洁能源出发，介绍中国生态文明建设瞩目成就；或从环境保护的责任义务入手，畅谈当代青年的环保担当，响应绿色先行的可持续发展理念；或关注绿色发展伙伴关系建设，共谈"一带一路"绿色发展的广阔前景；或以"植树造林绿化祖国""绿水青山就是金山银山"建设实例为引，分享绿色中国下的美好生活。

四、赛题分析（以西班牙语赛道为例）

本次演讲比赛的核心词是"绿色发展"，在比赛内容中就该词的出处进行了提示——党的二十大报告中的"绿色发展"，同时对"绿色发展"的内涵进行了较为清晰的阐释。

（一）理解主题内涵

在党的二十大报告中，寻找到与"绿色发展"相关联的段落，共有五个板块涉及"绿色发展"，其中"过去五年的工作和新时代十年的伟大变革"与

"推动绿色发展，促进人与自然和谐共生"两个板块为重点探讨章节。

通过研读党的二十大报告原文，了解"绿色发展"这一概念的根本内涵。报告也具体提到了不同领域中的"绿色发展"，可以由此入手，进一步聚焦演讲内容，寻找小切口，以小见大，比如"山水林田湖草沙的治理""碳达峰碳中和""资源节约"等。选手可以从报告中寻找灵感，同时也能避免因对题目理解有误而出现偏题等严重问题。

（二）寻找官方外语诠释

找到党的二十大报告的官方西班牙语版本，首先确定"绿色发展"的标准译法。接下来，可以研究对应内容的西语版本，如果有充足的时间与耐心，建议一一对应学习；如果时间较为紧张，也可以在西语版本中寻找自己需要的术语翻译。

（三）挖掘合适事例

结合个人经历，寻找适合解读"绿色发展"的具体事例，譬如家乡的绿色发展、微小企业的转型升级等诸多我们亲身经历、切身感受的案例，方能有的放矢。

（四）搭建演讲框架

常用的演讲框架有：黄金圈法则（Golden Circle）、PREP结构、时间轴结构、金字塔结构。

1.黄金圈法则由美国作家Simon Sneck首次提出，按照Why—How—What的顺序阐述个人想法，引起听众共鸣。Why是内环，主要包括目标、使命、理念和愿景，放在"绿色发展"主题下，可以定为国家的战略目标、建设美丽中国、加强生态文明建设等；How是中环，主要讲具体的操作方法和路径，也就是为了实现上述目标愿景，中央政府、地方政府、企业、个人等开展的有力措施；What是外环，主要介绍中心话题的特点或是现有成效，根据本次比赛，这一部分可以介绍我国绿色发展的突出特色，比如经济、社会、文化效益相结合，低碳发展，可持续发展等，也可以展示我国现有生态文明建设成果。

2.PREP结构具体为Point—Reason—Example—Point，也就是我们经常使用的总—分—总结构，由大及小，再以小到大，在结尾再次强调观点，逐步升华演讲主题，达到点题的效果。

3.金字塔结构也就是"问题—原因—对策—结果"结构，从问题讲起，以问题解决收尾。

五、长期赛事准备（以西班牙语专业为例）

（一）关注国家时事政治，保持阅读政治文本的习惯

推荐网站

中华人民共和国外交部官网西语版：https://www.mfa.gov.cn/。

新华网西语版：http://spanish.news.cn/。

人民网西语版：http://spanish.peopledaily.com.cn/。

中国共产党历史和文献网：https://www.dswxyjy.org.cn/。

推荐资料

《中国关键词》系列丛书、《高级汉西翻译教程》、《汉西翻译教程》等。

（二）培养演讲思维，锻炼口语表达

推荐图书

《西班牙语演讲教程》《西班牙语读写教程》等。

推荐视频

TED西语演讲、全国西班牙语之星演讲大赛等。

综合赛事篇

中国"互联网+"大学生创新创业大赛

曹婉欣　张安馨[①]

一、赛事简介

中国"互联网+"大学生创新创业大赛，是由教育部与政府、各高校共同主办的一项技能大赛。大赛旨在深化高等教育综合改革，激发大学生的创造力，培养造就"大众创业、万众创新"的主力军；推动赛事成果转化，促进"互联网+"新业态形成，服务经济提质增效升级；以创新引领创业、创业带动就业，推动高校毕业生更高质量创业就业。本赛事坚持贯彻落实党的二十大精神，深入贯彻落实习近平总书记给第三届中国"互联网+"大学生创新创业大赛"青年红色筑梦之旅"大学生重要回信精神，"三位一体"统筹推进教育、科技、人才工作，把创新教育贯穿教育活动全过程，以创造之教育培养创造之人才，为全面建设社会主义现代化国家提供基础性、战略性支撑。

开展中国"互联网+"大学生创新创业大赛积极响应了我国"科教强国"的方针政策。随着第三次科技革命的快速发展，我国大力鼓励发展互联网产

---

① 曹婉欣、张安馨，四川外国语大学西方语言文化学院西班牙语专业 2022 级学生。

业，在时代浪潮之下，互联网已经成为各行各业创新发展的重要驱动力。中国"互联网+"大学生创新创业大赛的举办也正是顺应了互联网与各个产业深度融合的趋势，鼓励创新发展。大学生是国家中最具有创新思维和创业热情的群体，在参加创新创业大赛的过程中，通过比赛的锻炼和培训，参赛者可以学到更多的创业知识，提高创新能力和综合素质，同时比赛也是一个选拔的过程，优秀的人也能得到更多的支持与帮助。中国"互联网+"大学生创新创业大赛也是打造一个良好的创业生态的过程，汇聚更多的创业者和投资人，将比赛与媒体宣传作为媒介，打造一条良好的、可持续的创业生态链条，促进创新创业事业的发展。

以赛促学，培养创新创业生力军。大赛旨在激发学生的创造力，激励广大青年扎根中国大地了解国情民情，锤炼意志品质，开阔国际视野，在创新创业中增长智慧才干，把激昂的青春梦融入伟大的中国梦，使广大青年努力成长为德才兼备的有为人才。

以赛促教，探索素质教育新途径。把大赛作为深化创新创业教育改革的重要抓手，引导各类学校主动服务国家战略和区域发展，深化人才培养综合改革，全面推进素质教育，切实提高学生的创新精神、创业意识和创新创业能力。推动人才培养范式深刻变革，形成新的人才质量观、教学质量观、质量文化观。

以赛促创，搭建成果转化新平台。推动赛事成果转化和产学研用紧密结合，促进"互联网+"新业态形成，服务经济高质量发展，努力形成高校毕业生更高质量创业就业的新局面。

二、比赛赛制和赛程安排

主体赛事赛道设置

（一）高教主赛道

参赛组别：创意组、初创组、成长组（本科生和研究生为两个组别）。

参赛项目

①新工科类项目：大数据、云计算、人工智能、新材料等领域。

②新医科类项目：现代医疗技术、智能医疗设备、食药保健等领域。

③新农科类项目：现代种业、智慧农业、农业大数据、农业碳汇等领域。

④新文科类项目：文化教育、数字经济、金融科技、财经、法务、融媒体、翻译、旅游休闲、电子商务等领域。

参赛要求：以团队为单位报名参赛；允许跨校组建参赛团队，每个团队成员不少于3人，不多于15人。

（二）"青年红色筑梦之旅"赛道

参赛组别：公益组、创意组、创业组。

参赛项目：新工科类、新医科类、新农科类、新文科类。

参赛要求：参加"青年红色筑梦之旅"赛道的项目，须为参加"红色筑梦之旅"活动的项目。

（三）职教赛道

参赛组别：创意组、创业组。

参赛项目：创新类、商业类、工匠类。

参赛要求：职业院校、国家开放大学学生（仅限学历教育）可报名参赛。

（四）产业命题赛道

参赛要求：以团队为单位报名参赛，每支参赛团队只能选择一题参加比赛，允许跨校组建、师生共同组建团队，成员不少于3人，不多于15人。

（五）萌芽赛道

参赛要求：普通高级中学在校学生，鼓励学生以团队为单位参加，允许跨校组建团队。

比赛赛制（2023）

1.大赛主要采用校级初赛、省级复赛、总决赛三级赛制（不含萌芽赛道以及国际参赛项目）。校级初赛由各院校负责组织，省级复赛由各地负责组织，总决赛由各地按照大赛组委会确定的配额择优遴选推荐项目。大赛组委会将综合考虑各地报名团队数（含邀请国际参赛项目数）、参赛院校数和创新创业教育工作情况等因素分配总决赛名额。

2.大赛共产生4100个项目入围总决赛（港澳台地区参赛名额单列），其中高教主赛道2300个（国内项目1800个、国际项目500个）、"青年红色筑梦之旅"赛道600个、职教赛道600个、产业命题赛道400个、萌芽赛道200个。

3.高教主赛道每所高校入选总决赛项目不超过5个，"青年红色筑梦之旅"赛道每所院校入选总决赛项目不超过3个，职教赛道每所院校入选总决赛项目不超过3个，产业命题赛道每道命题每所院校入选项目不超过3个，萌芽赛道每所学校入选总决赛项目不超过2个。

赛程安排（2023）

1.参赛报名（2023年5—8月）。参赛团队通过登录全国大学生创业服务网（网址：https://cy.ncss.cn）进行报名，在"资料下载"板块可下载学生操作手册指导报名参赛。通过微信公众号（名称为"全国大学生创业服务网"或"中国互联网+大学生创新创业大赛"）进行赛事咨询。

报名系统开放时间为2023年5月29日，报名截止时间由各地根据复赛安排自行决定，但不得晚于8月15日。国际参赛项目通过全球青年创新领袖共同体促进会官网（www.pilcchina.org）进行报名，具体安排另行通知。

2.初赛复赛（2023年6—8月）。各地各学校登录https://cy.ncss.cn/gl/login 进行大赛管理和信息查看。省级管理用户使用大赛组委会统一分配的账号进行登录，校级账号由各省级管理用户进行管理。初赛复赛的比赛环节、评审方式等由各校、各地自行决定。各地应在8月31日前完成省级复赛，并完成入围总决赛的项目遴选工作（推荐项目应有名次排序，供总决赛参考）。国际参赛项目的遴选推荐工作另行安排。

3.总决赛（2023年9—10月）。大赛设金奖、银奖、铜奖，另设省市组织奖、高校集体奖及若干单项奖。入围总决赛的项目将通过评审，择优进入总决赛现场比赛，决出各类奖项。大赛组委会通过全国大学生创业服务网、国家大学生就业服务平台（https://www.ncss.cn）为参赛团队提供项目展示、创业指导、人才招聘、资源对接等服务，各项目团队可登录上述网站查看相关信息，各地各校可充分利用网站资源，为参赛团队做好服务。

三、赛事能力要求

（一）创新能力

赛事要求学生能够基于科学严谨的创新过程，遵循创新规律，运用各类创新的理念和范式，解决乡村振兴、农业农村现代化、城乡社区发展中遇到的各类问题。从产品创新、服务创新、组织创新等方面着手开展创新创业实践，并产生一定数量和质量的创新成果，获得相应的市场回报。在参赛的过程中，创新能力是最基础也最重要的，参赛选手要广泛地发散思维，将理论与实践相结合，增强创新能力。

（二）调研能力

在确立创新项目内容之前要广泛收集各个方面的资料，做好充分调查和研究，对于项目的确立背景要进行充分的市场调研与分析，结合当下产业的发展潜力与趋势，目前相关产业和类似产业已经取得的成果，对自己的创新创业项目进行适当改进与完善。对于本项目的辅助对象进行必要的实地考察，与当地的企业进行联系，达成合作。

（三）团队合作能力

"互联网+"创新创业大赛是一个团队合作的比赛，一个团队的成员不少于3人，不多于15人。在团队中，应有来自不同专业的同学，充分发挥各个专业的长处和优势，不同专业的同学负责与自己专业贴合的板块，运用专业知识书写对应板块。成员之间也应做到互通有无，加强沟通与交流，计划书的书写强调专业性的同时又要注重各个方面的连贯性和协调性，在全局的统一性上要保持严格的统一风格与口径，围绕中心主题展开。

（四）演讲与答辩能力

在比赛中，计划书只是其中一部分，在比赛现场的路演与演讲也是极为重要的部分。路演即将整个项目的概况、产品说明、市场背景、盈利模式等主要内容以PPT的形式展现出来。在限时3分钟的路演时长中，演讲者的语言要凝练，PPT的制作要简洁全面，不能怯场。在路演时要保持良好的心态，口齿要清晰，语音语调有重点有起伏，让评委能够准确地抓住重点，同时要注重对时间的把握与控制，不能超时，在有限的时间内将项目内容讲清楚。路演之后的5分钟答辩环节，在赛前准备阶段应该预设评委可能提的问题，从盈利模式、项目概况、收获渠道等方面，完整、翔实、全面地回答评委的问题，对项目不足的地方积极承认并提出初步的解决办法，不要编造、否认。回答评委问题的时候要礼貌、有条理，不要打断评委，更不要出现回避问题、答非所问的情况。

（五）专业知识

参赛的项目应与成员的专业相结合，切实做到运用自身所学创造价值与力量。在计划书的书写过程中，需要十分严谨的专业知识，从专业的角度出发，介绍项目的概况、背景、产品、盈利模式等，这就要求项目成员能够专业地表述出应有的内容，其中可能涉及专业术语、专业名词等，所以说过硬的专业知识是项目计划书书写的前提与保障。

（六）社会关切与责任感

中国"互联网+"大学生创新创业大赛的办赛目的之一就是使我国的创新创业事业得到可持续发展，创新创业事业的最终目标也是更好地解决我国现存的社会问题，提供更多的就业岗位。参赛者在参赛过程中应保持十足的社会责任感，从社会痛点问题出发，通过比赛项目体现时代精神，着眼于中华民族伟大复兴的中国梦，通过创新创业与时代结合，与未来接轨。

四、赛事准备与参赛步骤

中国"互联网+"大学生创新创业大赛是综合能力要求强、参与热度高的全国性赛事，参赛同学不要认为通过一次比赛就可以取得十分优异的成绩，创新创业的过程是漫长的，商业项目和计划也是需要不断试错和完善的，一定要做好连续参赛的心理准备。该项赛事开设赛道多、可选范围广，且各赛道侧重点不同、参赛要求不一，后文将部分引用我校学生参与"青年红色筑梦之旅"赛道的过程，进行赛前准备和参赛步骤的介绍。

（一）组队定题阶段

1.赛前学习

从备赛同学作出参赛决定开始，便可以进入赛前学习阶段。首先要做的是仔细研读最新下发的赛事通知，知晓参赛流程，明确参赛类别和要求，同时把握赛会主题，为后续参赛作准备。所有赛道具体要求可前往全国大学生创业服务网下载大赛通知和指南进行参考和研究。此外，在该阶段，选手还需要通过各媒体和社交平台，大量浏览往届参赛的商业计划书，在脑海中形成相关专业概念框架。

2.团队搭建

团队的选择是至关重要的，此时你寻找的是一起创业的商业合伙人。如果是第一次参赛，在没有相关比赛经验的情况下，可以加入有比赛经验的老师带队或者学姐学长的团队。这种选择的优点是有领路人带你快速入门，缺点是已经成熟的项目团队进入门槛高，且对于个人自主创新能力的发挥有所限制。

如果倾向于自己组队，一定要注意成员之间的能力互补。作为语言专业学生，在不具备过硬的商业技能和能力时，切忌仅限在同院好友之间招募成员。后续撰写商业计划书、制作财务报表、市场营销分析等都要求多维专业能力，因此要注意成员之间的专业交叉性。例如"青年红色筑梦之旅"赛道"荣盛昌邑"项目，实现了跨校跨专业组队，成员来自西班牙语、商务英语、金融工程、国际经贸、艺术设计等多专业。

关于指导老师，寻找有获奖经历的老师一定是事半功倍的。但据往届经验来看，本校热门指导老师的团队席位不易获得，针对初建的新项目团队，可以根据选题方向询问相关专业老师意见，或寻找有相关研究项目的老师进行组队。

3.定题

选择题目时，首先要切合赛道主题，题目范围尽量精确，调查较为深入（可以选择和自己专业有关、有知识基础的题目）。避免大众化、空泛化的选题，无论是哪个赛道，都可以切合时事热点、关注社会痛点。

其次要注意选题的可行性和创新性，不能为了创新而设想实操难度过大的选题。关于这一点建议仔细阅读官网公布的评审规则，根据评审要点对照参考选题的价值。

表1　第九届中国"互联网"大学创新创业大赛评审细则（节选）

评审要点	评审内容	分值
教育维度	1.项目应弘扬正确的价值观，厚植家国情怀，恪守伦理规范，有助于培育创新创业精神。 2.项目体现团队扎根中国大地、了解国情民情，遵循发现问题、分析问题、解决问题的基本规律，将所学专业知识、技能和方法应用于乡村振兴和农业农村现代化、城乡社区发展，展现创新创业教育对创业者基本素养和认知的塑造力和提升创业者综合能力的效力。 3.项目充分体现团队解决复杂问题的综合能力和高级思维，体现项目成长对团队成员创新创业精神、意识、能力的锻炼和提升作用。 4.项目能充分体现院校在"三位一体"统筹推进教育、科技、人才工作，扎实推进新工科、新医科、新农科、新文科建设方面取得的成果；项目充分体现专业教育、思政教育、创新创业教育的有机融合；体现院校在项目的培育、孵化等方面的支持情况。	30

评审要点	评审内容	分值
团队维度	1.团队的组成原则与过程是否科学合理，团队是否具有支撑项目成长的知识、技术和经验，是否有明确的使命愿景。 2.团队的组织构架、人员配置、分工协作、能力结构、专业结构、合作机制、激励制度等的合理性情况。 3.团队与项目关系的真实性、紧密性情况，团队对项目的各项投入情况，团队与企业（机构）持续合作的可能性情况。 4.支撑项目发展的合作伙伴等外部资源的使用以及与项目关系的情况。	20
发展维度	1.充分了解乡村振兴、农业农村现代化、城乡社区发展的内容和要求，了解其中的痛点、难点，进而形成对所要解决问题完备的认知。 2.在服务乡村振兴、农业农村现代化、城乡社区发展等方面有较好的创意、产品或服务模式，追求经济效益和社会效益的平衡。 3.项目对推动乡村振兴、农业农村现代化、城乡社区发展等方面的贡献度。 4.项目的持续生存能力，模式可复制、可推广、具有示范效应等。	20
创新维度	1.团队能够基于科学严谨的创新过程，遵循创新规律，运用各类创新的理念和范式，解决乡村振兴、农业农村现代化、城乡社区发展中遇到的各类问题。 2.项目能够从产品创新、服务创新等方面着手开展创新创业实践，并产生一定数量和质量的创新成果。 3.鼓励院校科研成果和文创成果在乡村或社区进行产业转化落地与实践应用。 4.鼓励组织模式或商业模式创新，鼓励资源整合优化创新。	20
社会价值维度	1.项目直接提供就业岗位的数量和质量。 2.项目间接带动就业的能力和规模。 3.项目对社会文明、生态文明、民生福祉等方面的积极推动作用。	10
必要条件	参加由学校、省市或全国组织的"青年红色筑梦之旅"活动。	

（二）撰写阶段

1.分工明确

项目负责人必须具备较强的责任心，因为所有的项目推进几乎都是靠负责人，不一定要求负责人具备高超的商业能力，但一定要有统筹能力，能组织团队成员进行及时讨论和沟通。

通常一份商业计划书由封面、目录、内容和附录组成，其中内容主要包括产品介绍、市场分析、核心竞争力、财务及营销模式、风险分析和团队介绍等。所有成员可根据自身专业能力，分担不同的章节，进行初步撰写。在此期间，若遇到如销售链不明确等某一环节的具体问题，负责该部分的成员不能凭主观设想撰写，要及时提出讨论，并同步结果给所有人。

目录

第一章　项目概况

1.1产品介绍

1.2市场分析

1.3盈利模式

1.4风险管理

第二章　公司概况

2.1公司简介

2.2公司目前职工情况

2.3组织架构

2.4公司发展战略

第三章　项目介绍

3.1项目背景

3.2项目优势

第四章　市场分析

4.1市场背景

4.2目标客户

4.3市场竞争

第五章　产品分析

5.1产品概述

5.2产品优势

第六章　商业模式

6.1商业模式概述

6.2商业模式画布

6.3盈利模式

6.4未来发展

第七章　营销策略

7.1主要销售策略

7.2基于 4Ps模型的营销策略

第八章　财务分析

8.1公司财务基本情况与会计政策

8.2会计报表

8.3投资分析

第九章　风险控制

9.1风险分析

9.2风险防范

图1　商业计划书目录参考

2.术语运用和数据推算

整体来说，一份好的计划书必须要点充实、亮点突出、重点清晰。以下是计划书基本组成章节的撰写要点。

在项目概况部分，要用简短的语言充分介绍项目产生的原因及必要性，包含项目所解决的痛点、受益人群定位、如何盈利等。事实上，评委没有时间和精力去仔细、完整地查看每一个项目计划书，往往会通过项目概况介绍来大致把握项目整体水平。因此，放在开头的项目概况是一个极其重要的部分，项目概况写得好，评委和投资人才有意愿仔细查看整个项目计划书。

在商业模式部分，语言表达不能太笼统空泛，要体现整体战略思维。从横向上看，要分点叙述目标客户、融资和盈利模式；从纵向上看，要体现项目的前期、中期和未来战略发展。有层次的商业模式会提高项目的可信度和可行性。

在市场和竞争分析部分，要学会运用模型（SWOT、PEST等）来分析项目背景、目标用户、市场竞争、优势劣势等，向投资人展示你的项目在现有激烈市场竞争中能够脱颖而出的创新点。

项目书的财务分析方面，建议由专业人员撰写。内容要点包括项目注册情况（注册资本、注册性质、法人代表）、财务预测（利润表、资产负债表、现金流量表分析）、投资效益分析、盈亏平衡点分析、融资计划（融资需求、资本结构、投资回报）等。具体项目具体分析，要点举例仅供参考。如是已注册的企业，注意数据透明性；如是未注册的团队，注意数据推算的科学性。

在风险评估方面，首先要确定项目的所有可能风险，分条列出，然后评估风险的可能性和影响，并分别制定风险应对策略，如避免、转移、减轻和接受等。要确保风险评估的完整性和风险管理的实施有效性，对症下药。

3.检查审阅

由于不同成员对项目细节的理解可能存在差异，初稿完成后，成员之间要进行全文梳理，检查前后内容是否有重复冗余、相互矛盾的地方，保持营销逻辑的一致性、连贯性，然后进行多次的改稿直至定稿，最后进行全文合并审阅，并由一至两名成员负责行文文体、格式的统一化处理。

封面制作注意突出与企业相关的信息，如名称、联系方式、商标或者 Logo。计划书涉及内容的相关证明材料，可作为附录列在计划书最后。

（三）参赛阶段

1.注意官网报名

除在学校登记报名外，参赛团队须在计划书完成后，通过注册登录全国大学生创业服务网，录入成员信息并上传项目计划书进行报名，可下载学生操作手册指导报名。同时要仔细阅读参赛要求等重要信息，例如，选择"青年红色筑梦之旅"赛道的项目必须报名参加"青年红色筑梦之旅"活动。

2.路演答辩

提交项目书后到正式路演是有一段间隔时间的，无论在院赛、校赛、市赛、省赛还是国赛，都设置了路演答辩环节，该环节相比于初审计划书，能让评委更直观地了解你的项目及产品。路演答辩与项目计划书紧密相连，亦有主次侧重之别。面对面演讲的方式是一个好机会，能够人为突出强调，宣讲评委在计划书里不易看到的重点。下面我们来分步解读路演答辩的注意要点。

①路演PPT

PPT整体框架可分为行业背景（市场现状）、项目计划（产品介绍、客户群体，配上简单的产业链上下游图）、解决方案及现有成果（产品功能、专利、基金及运营现状等成果）、财务状况与融资计划（未来项目收支预估、未来一年融资计划等）、团队介绍（成员专业能力、指导老师）。PPT整体要逻辑清晰、模板简洁，动画不要花哨，配色不要影响阅读观感，少放文字多放图。

②路演稿

首先自报家门，介绍学校、公司、项目，组成一段开场白，然后可以通过一个场景或故事来引出项目，让评委更好代入产品。

现场答辩的时间有限，要把重心放在项目的核心地方，核心逻辑是市场痛点+解决方案+佐证材料。不是每一页PPT都重要，要区分重点，分配讲解时间。整体时长上，路演稿要适当少准备几十秒，比如路演5分钟，那就准备4分半到4分50秒的稿子，以防超时。

保持演讲稿和PPT不分离原则，稿子的内容和PPT相关联，但不是照着PPT念，而是有一些超出PPT的内容。除此之外，要提前准备好PPT之间的衔接句，这部分可以不用写，自然连贯即可。可以在演讲稿中做好语气标记，设定情绪的递进，同时留意气口，知道讲到什么地方该翻PPT，不至于正式答辩时手忙脚乱地翻页，制造紧张情绪也浪费时间。

③赛前演练

比赛前期需要反反复复地练习。脱稿演讲是必需的，演讲人员要将演讲稿背得烂熟于心，并且讲解时需要代入一种符合语境的情感，而不是机械般地背诵。在正式答辩前，队友之间可进行几次模拟答辩，形成肌肉记忆，也可以请指导老师模拟提问，锻炼临场应变能力。

即使正式路演当天也要做好演练，提前去答辩场地播放PPT，检查确认幻灯片、视频能正常播放，建议随身携带U盘，以便遇到突发情况能及时进行文件的修改和重新上传。

④路演状态

路演答辩是正式场合，最好统一上台答辩人员的着装。常见的答辩着装是西装、衬衫等正装，或者统一与自己项目相关的服装（例如：非遗项目，可穿传统服饰；公益项目，可穿志愿者服装），体现项目特色。

演讲者需要注意与PPT相结合、与评委互动。讲解到重要信息点时，可通过视线和肢体导向PPT内容，在承上启下串词或者引发思考时，要注意眼神看向评委，呈现交流状态。讲解全程要充满自信，热情洋溢，声音洪亮，但有话筒时注意控制音量，避免杂音。

答辩环节，答辩人员要熟悉项目关键信息（如关键技术、销售链全过程、成本计算方式、股权分配等），可由两位答辩人员相互配合，针对评审问题类型，一名负责专业主答，一名作为旁听进行思考和补充。

切记是与评委交流而不是辩论，如若评委发表刁钻的点评，或者曲解你的意思，一定不要与评委争辩或直接否定评委，这时需要做的是不硬刚，可采用委婉的方式进行解释。

遇到答不上来的问题时，不要慌张，可以请评委重复一遍问题，或用一句套话给自己缓冲的时间，切勿拐弯抹角、顾左右而言他。评委对一个项目环节提出问题，一般是有点评的想法，如果你觉得自己的回答不够有说服力，可以在回答结尾虚心请教评委指点。

⑤答辩常见问题

●项目核心竞争力是什么？

●团队优势在哪儿？

●目前，你们产品的市场规模如何？

●项目的不可替代性体现在哪儿？

●类似项目国内很多公司也在做，相比而言，你们的优势在哪儿？

●产品的定价策略是什么？

●作为项目负责人，毕业后有什么打算？

●你核心团队的持股比例是什么样的？退出机制是什么？

iCAN全国大学生创新创业大赛

谢 桐[①]

摘要：党的二十大报告首次将科教兴国战略、人才强国战略、创新驱动发展战略摆在一起统筹部署。重视、加快创新型人才的培养，是推动我国经济发展、科技进步的重要举措。为深入贯彻落实国家发展战略，给广大青年人才创造良好的创新创业生态环境，搭建人才培养、项目孵化、文化交流和资源整合的重要平台，推动我国高等教育改革、促进科技创新和经济发展，中国信息协会于2023年5月至12月举办第十七届iCAN全国大学生创新创业大赛。本文将从赛事简介、比赛赛制与赛程安排、参赛准备及参赛流程、能力要求、我校历年成绩等内容全面展示该赛事，为参赛选手提供参赛指南，为综合类赛事的人才培养提供有益借鉴。

关键词：iCAN大赛；创新创业；要求；比赛技能

---

① 谢桐，四川外国语大学西方语言文化学院西班牙语专业2022级学生。

一、赛事简介

iCAN全国大学生创新创业大赛（原中国MEMS传感器应用大赛）是一个无固定限制、鼓励原始创新的赛事。自2007年发起至今，得到了广大青年学生的热爱。2010年，大赛入选《教育部 财政部关于批准2010年度大学生竞赛资助项目的通知》；2023年，大赛入选《全国普通高校大学生竞赛分析报告》竞赛目录。这些年来，越来越多的青年人才积极参与，在不断发展完善自我的同时，为社会创造更多、更大的价值和财富。

（一）大赛宗旨

iCAN全国大学生创新创业大赛秉承"自信、坚持、梦想"的精神，倡导科技创新服务社会，引导和激励高校学生勇于创新，发现和培养一批有作为、有潜力的优秀青年创新人才，促进和加强物联网、智能制造、人工智能等高科技领域的产学研结合，搭建科技人才创新生态平台。

（二）大赛内容

1.创新赛道。鼓励学生激发创新思维，掌握创新方法，展示团队的创新实践能力。

2.创业赛道。鼓励学生提升自身创业能力，投身创业实践，创造社会效益和商业价值，要求团队进一步完善项目作品，完成公司注册。

3.挑战赛道。根据企业发展需求设计相关实战创新赛题，团队根据要求制作完成项目，激发学生掌握前沿技术，提升实战技能，带动就业创业。挑战赛题方案另行发布。

（三）参赛项目要求

1.参赛项目需结合物联网、人工智能、互联网、云计算、大数据、区块链等新一代信息技术，实现在智慧家庭、智慧农业、智慧社区、智慧医疗、智能交通、智能教育、智能穿戴、智能制造、智慧文娱等各领域的创新应用；

2.参赛项目要符合国家法律法规，必须为参赛团队原创项目，使用的核心技术、知识产权为参赛团队所有或经技术持有者书面授权，具有创新性和商业价值，且不得侵犯任何第三方知识产权，凡参赛团队必须接受大赛有关免责条款；

3.参赛项目均须在大赛官网（www.g-ican.com）提交报名材料（含选手身份信息、项目计划书等相关资料），关注大赛官方公众号（iCAN创新）可及时获取大赛通知及赛事资讯；

4.参赛项目需要制作出可以演示和操作的产品原型为有效参赛作品，往届国赛一、二等奖项目不可参与本届比赛。

二、比赛赛制与赛程安排

（一）比赛赛制

1.大赛采用校级比赛、分赛区比赛、全国总决赛三级赛制（不含挑战赛道）。校级比赛由各高校负责组织；分赛区比赛由各分赛区组委会负责组织，具备条件的承办单位和联合承办单位须向组委会提出申请；全国总决赛由各分赛区组委会按照大赛组委会确定的配额择优遴选、推荐项目。

2.由全国总决赛评选出最优的团队，将推荐参加相应国际比赛。

（二）赛程安排

1.参赛报名、作品制作（5—7月）：所有参赛团队统一通过大赛官网（www.g-ican.com）报名，报名截止日期大致为每年7月31日。

2.校内比赛（8月）：各参赛高校可根据报名数量自行决定校内赛的举办，分赛区组委会进行指导工作，选拔优秀项目晋级分赛区比赛。

3.分赛区选拔赛（9月）：各分赛区组委会积极组织分赛区比赛，择优推荐项目入围全国总决赛。

4.全国总决赛（11月）：大赛评审委员会对入围总决赛的项目进行初选评审，择优选拔项目进行现场比赛。在总决赛比赛期间同时举办开闭幕式、创新作品展、人才招聘会、投融资对接、颁奖典礼等交流展示活动。

三、赛事准备及参赛流程

（一）构思创新性想法

团队负责人以"童年缺失性教育"为创作基准，展开了对于此次创新项目内容的思考，在诞生了多个创新性想法之后，最终确定投入于制作"多语种电子绘本"的创新项目。下面以该获奖项目为例，从项目名称、项目简介、项目计划三个方面进行介绍。

1.项目名称

聚绘童戎——多语种电子绘本打开儿童爱国主义教育之门

2.项目简介

本项目是针对儿童爱国主义教育缺少和形式化的现状，以伟大革命人物生平为内容，制作的多语种电子绘本线上公众号的项目。项目引流售卖所得收益部分投入线下西南地区志愿活动，针对爱国主义教育缺失问题提出新思路的同时，助力西南乡村地区、儿童福利机构解决儿童教育落后的问题。

3.项目计划

（1）近期目标

a.广泛寻找绘本资料，设计原创绘本，逐步建立绘本课程体系，建立公众号，大力开展宣传，提高知名度，确定志愿活动地点与路线。

以重庆地区为主要发展对象，与各偏远地区负责人取得联系，开展实地调研，并进行志愿活动规划。

b.建立公众号，发布推文，发展潜在用户，为后期线上数字绘本售卖建立良好的基础。

c.与地方妇联取得联系，寻求资金帮扶，为后期西南地区志愿活动获取资金。

d.设计部分绘本，并投入线上公众号，获得用户反馈，对绘本内容、主题进行修改。

（2）中期目标

a.完善绘本内容体系，继续扩大影响范围，成立聚绘童戎工作室，初步建立盈利机制，继续积累用户数量。

b.以西南落后地区为发展中心，逐步扩展到周边省市，逐渐完善与政府合作，建立友好的合作机制，积极与当地儿童福利计划、乡村小学负责人取得联系，进行项目接洽，利用已有资源扩大项目辐射范围。

c.进一步扩大绘本内容涉及的领域，增加绘本数量。

d.利用收集的反馈信息，结合儿童和家长的需求，逐渐完善绘本教育体系，将绘本体系多元化、丰富化。

（3）远期目标

a.成为儿童绘本教育行业中一流的工作室团队，扩大销售规模与志愿活动规模，促进项目全方位、立体式发展。

b.利用项目口碑以及宣传效应，将项目进一步辐射扩展至全国重要城市，争取在儿童绘本教育领域中占据领先地位，并建立权威可信的评价体系。

c.在聚绘童戎工作室具有一定盈利的基础上，积极主动与落后、欠发达地区进行接洽，定期向当地儿童捐赠绘本，回馈社会，扩大公益面。

4.总结

在构思创新性想法的部分，需要理清项目简介内容的编写思路。首先，需要想好一个契合项目主题且富有文字特色的项目名称；其次，做好项目简介，可以围绕项目的宗旨、内容、实施、意义展开编写；最后，依据对项目落地的期望和目标以及项目如何发展和取得怎样的成效展开项目计划的内容编写。

（二）确定项目的可行性

在确定好项目计划的内容之后，我们将考虑以及确定项目的具体可行性。最简单的分析方法就是对"多语种电子绘本"的市场现状以及前景进行分析与预测，接下来，笔者将从儿童绘本市场需求分析、同行业竞争分析、STP分析、SWOT分析、市场前景预测五个方面展开介绍。

1.儿童绘本市场需求分析

（1）中国儿童市场巨大

原国家新闻出版广电总局发布的《2015年中国图书零售市场分析报告》显示，2015年中国图书零售市场整体规模达到3715亿元，同比增长16.9%。其中，纸质图书销售1345亿元，同比增长8.2%；数字书籍销售1096亿元，同比增长19.9%；少儿读物销售2043亿元，同比增长14.5%。市场增速快、空间大、增长快等特点明显。

（2）阅读市场前景广阔

随着中国三孩政策的提出，家长对孩子的教育越发重视，儿童绘本因其具有教育意义、孩子喜欢、操作简单等特点，未来市场前景好。一套好的儿童绘本读物应具备以下条件：故事情节优美、情节曲折生动，能吸引孩子阅读、朗读，能为孩子讲述一个精彩故事，能与孩子产生互动、产生情感共鸣，能激发孩子阅读兴趣。

2.竞争分析——以绘本产业为调查对象

（1）少儿绘本行业市场规模

中国少儿图书市场规模在不断扩大，近几年来增速显著。随着人们生活水平的提高，儿童绘本市场将不断扩大，具有很大的发展空间。

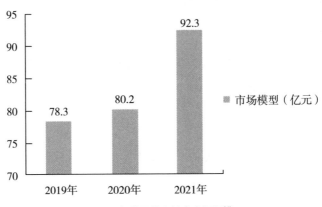

图1　2019—2021年我国儿童绘本市场规模

数据来源：中研普华

（2）行业缺陷：原创不足，运营单一

尽管儿童绘本发展前景大好，但同样存在瓶颈。第一，原创儿童绘本匮乏；第二，线下的儿童绘本图书馆运营模式单一，营销能力有限。

首先，原创度不足，不够"接地气"。

纵观市场销量较高的儿童绘本，多数为经典童话作品改编，如《冰雪女王》《白雪公主》《美女与野兽》《爱丽丝梦游仙境》等，或是外文引进，如近年来较为火热的《博恩熊》等。中国原创儿童绘本数量不足，导致孩子在阅读时往往会出现理解偏差，例如就餐礼仪、打招呼的方式，中西方存在明显差异，孩子并不理解绘本作品中的内容，导致阅读热情很容易下降。

不少家长也有这样的担忧："给孩子买这套绘本，就是看到它获得了国外的大奖，在全世界销量较高，但是买回来发现孩子只翻了一遍就不愿意看了。孩子认为，里面描述的故事看不懂，根本不是自己想要的。"

其次，运营模式单一，有待挖掘。

在手机地图中搜索绘本馆，北京显示有133家、上海74家，多数集中在城市中心，且多为连锁企业。而低线城市中，绘本馆属于"稀缺资源"，并不常见。由于最初绘本行业极其依赖线下，运营模式单一，营销能力有限，直到2017年，绘本行业才迎来属于自己的第一个融资高峰，也是迄今为止，行业最火热的一年。从融资角度看，只专注做绘本生意的企业吸金能力较弱，需探索新道路。

业内人士表示："目前来看，大多数绘本图书馆的主要业务为借阅绘本、讲故事、免费讲座等简单的活动，利润相当小。"虽然有一些绘本馆开发出系列课程来维护运营，但仍不够成熟，成效甚微，运营模式有待进一步挖掘，市场空间还很大。

（3）发展方向

a.多语种讲好中国故事，培养国际视野。

对于阅读机构来说，不仅要洞察从海外引进的绘本是否符合中国孩子的阅读习惯，更要将中国文化的传承和熏陶作为首要任务，多挖掘本土优秀原创作品。

b.与电子科技相结合，侧重线上业务发展。

总体来看，幼儿家庭电子产品的拥有率和使用率较高，尤其是智能手机的拥有率和使用率。随着电子产品的不断普及和更新，家庭普遍有平板类电子产品。

c.结合互联网和新媒体力量，打造"线上儿童社交平台"。

绘本行业可以考虑打造"线上社交平台"，从单一的图书借阅功能升级为涵盖社区服务、社区文化、家庭教育、亲子教育、邻里关系、商品交易为一体的完整社区商业生态链。

d.积极开发品牌周边产品。

热度高的主题绘本可以搭配生产针对儿童监护人群的周边产品，如品牌信封、帆布背囊、环保手提袋、儿童文具等产品，以覆盖目标市场，精准宣传。

3.STP分析

（1）市场细分

a.线上目标市场：儿童及儿童家庭；学前教育工作者以及相关领域研究人员。

b.线下目标市场：学前教育机构（幼儿园、托管班等）；学校（幼儿园、小学）；儿童福利机构。

（2）目标市场

线上主要针对5—12岁的儿童以及家庭。在兼顾儿童爱国主义教育针对性缺失问题的同时，通过多语种翻译绘本形式打开儿童国际视野，培养儿童语言能力，在最合适的年龄开发儿童的语言学习能力。满足新一代父母的教育需求。

（3）市场定位

在经过市场细分和目标市场定位后，将项目定位为以"多语种爱国主义教育绘本"为形式，以"关注爱国主义教育"为重点，将线上、线下志愿服务与销售相结合，通过丰富形式、多元实践、创新体验的课程，达到幼儿园教育五大领域目标，面向广大适龄儿童及家庭和学前教育机构的课程开发项目。

4.SWOT分析

对线上儿童电子绘本的优势与劣势、机会与威胁进行分析。

优势（Strength）	劣势（Weakness）
（1）融合时代特征，采用线上电子绘本形式，紧跟互联网时代，结合时代碎片化特征； （2）特色突出，团队依托外国语院校优势，具备联合国六大通用语言特色； （3）受众广，大部分家长会选择绘本教育； （4）多语种电子销售模式，针对受众人群需求推出更适合中国学前教育现状的销售模式。	（1）销售渠道单一，电子绘本仅局限于线上售卖； （2）知名度低，全新产品无知名度助力，宣传难度大； （3）设计难度大，原创设计，角色出自各大革命人物生平，资料查找难度大。
威胁（Threat） （1）市场竞争激烈，国内绘本市场已经比较成熟； （2）缺乏固定而具有一定知名度的产品，难以在短时间内取得盈利或吸引社会资本的投入。	机会（Opportunity） （1）国家大力推行加强新时代爱国主义教育与推行完善公益普惠儿童福利体系，三孩政策的提出； （2）立足"亲子教育"时代背景，着眼绘本教育形式，得到更多家长的选择； （3）互联网时代，紧密结合碎片化时代特征，颠覆传统的线下实体绘本形式，采用线上电子绘本形式，接受度更高； （4）儿童福利机构多，乡村学校多。

5.市场前景预测

新一代父母对于孩子的教育越发重视，儿童经济正以每年超过30%的速度增长，中国儿童消费市场规模已接近4.5万亿元人民币。

近年来，国内整个童书市场都在节节攀升，发展迅速。据2021年大数据统计，2021年中国图书零售市场规模总计970.8亿元，其中少儿市场依然是码洋比重最大的类别，达到28.27%，更是以2.14%的增幅成为唯一逆势增长的板块，儿童绘本被认为是最具有潜力的板块。

6.总结

（1）以儿童群体为主力，分析儿童市场蕴含的巨大潜力。

（2）分析少儿绘本行业的市场规模以及同行业经营模式存在的弊端，并提出应对措施。

（3）据目标市场进行STP分析。

（4）针对线上儿童电子绘本的优势与劣势、机会与威胁，进行SWOT分析。

（5）根据儿童经济每年的增长速率，预测儿童绘本的市场前景。

（三）寻找队友与导师

在经过理论分析加上实际检验的前期准备工作之后，项目负责人确定了项目的具体可行性，这对创新创业的项目至关重要，为项目中后期的有序进行指明了方向。随后，又一重要的环节就是选择队员和指导教师，团队高效的工作及优质成果的产出离不开优秀队员的紧密配合，更离不开专业导师的倾心指点。接下来，笔者将为大家说明该项目具体需要队员掌握哪些能力以及如何选择对项目发展有益的导师，不同性质的项目对队员以及导师的能力要求会有所不同，该部分内容仅供参考。

1.项目负责人需要具备良好的领导能力、协调能力和答辩能力，善于计划和组织执行工作，严谨细致，创新意识强，同理心强。最好能够具备负责策划校内外志愿活动的经验，熟知志愿活动流程。该创新创业项目发展的后期需要组织和投入面向儿童的志愿活动中去。

2.队员1需要做到：思维严谨，探究能力强，有较强的逻辑能力，勇于创新，吃苦耐劳，热爱中华传统文化。专业基础知识掌握牢固，在团队中能够负责公众号运营设计和知识产权保护申请为最佳。

3.队员2需要做到：接受过专业美术教育，想象力丰富，绘画功底深厚，拥有较强的发散思维和创新意识，能够较好地将大学生创新创业项目与美术设计项目结合。在团队中有能力负责团队Logo设计、绘本插图绘画以及海报设计。

4.另外两名队员同样需要具有较强的学习能力和想象能力，热爱绘画，敢于挑战；具有较强的团队意识，精于本职工作，思维敏捷，想法独特，敬畏红色精神，在团队中承担文书撰写的工作。

5.我们团队邀请到的导师是四川外国语大学的硕士生导师、重庆市课程思政教学名师王琥。王琥老师为中国双创导师库专家成员，指导学生获中国国际"互联网+"大学生创新创业大赛、"挑战杯"学术竞赛、三创赛、大创计划、科慧杯、iCAN创新创业大赛等高水平专业类、双创类竞赛国家级、省级奖励420余项，其中国家级特等奖1项，国家级一等奖3项。

6.另一位导师则是中国教育学会会员、国家高级电子商务运营师、北京鼎新青年双创联盟特聘青年双创导师钟英杰，他曾指导学生多次斩获"互联网+"等竞赛国、省级奖项，获重庆市"挑战杯"、iCAN等多项竞赛优秀指导教师称号，有着丰富的iCAN大赛指导经验。

7.总结：项目负责人需要认真筛选符合创赛能力要求的队员以及拥有项目需要的特定技能的队员（如绘画和设计）；对于导师的选择则要以导师在创赛方面的经验和知识的储备量作为参考，争取为项目的开展带来最大化收益。

（四）项目调研

调研工作的开展对于创赛项目至关重要，它的重要性具体体现在以下四个方面。

1.可持续发展能力：深入的调研有助于评估项目长期的可持续发展能力，包括产业的持续性、技术的先进性和项目的社会影响等。

2.项目策划与实施：调研提供了一种方法论，使团队能够更科学地策划和实施项目，包括资源配置、时间管理、风险评估等。

3.学习和优化：调研过程中，团队可以学习市场运作规律，了解行业动态，根据反馈调整项目方向和策略，不断优化项目方案。

4.精准定位：通过调研，团队能更加精准地定位目标市场、目标客户。

总的来说，调研是创新创业项目成功的关键步骤，能够帮助团队更好地理解市场，制定合理的发展策略，提升项目的竞争力，同时也是检验项目可行性和可持续性的重要手段。本次比赛我们采用了线上+线下的问卷调查和实地考察相结合的形式，旨在调查该项目的实际可行性并寻找仍然存在的问题，逐个攻破。

（1）线上调研

针对"家长是否愿意采用绘本教育方式"这个问题，我们团队设计了如下两则调查问卷。

问卷一：关于"家长是否愿意采用绘本教育方式"调查问卷。

第1题：您是孩子的父亲或母亲？[单选题]

选项	小计	比例	
父亲	152		47.06%
母亲	171		52.94%
本题有效填写人次	323		

第2题：您是哪个年龄段的父亲/母亲？[单选题]

选项	小计	比例	
70后	145		44.89%
80后	100		30.96%
90后	75		23.22%
00后	3		0.93%
本题有效填写人次	323		

第3题：您认为采用绘本的教育是否有必要？[单选题]

选项	小计	比例	
有必要	290		89.78%
没有必要	33		10.22%
本题有效填写人次	323		

第4题：您在对孩子的教育初期会使用绘本启蒙教育吗？[单选题]

选项	小计	比例	
经常使用	148		45.82%
偶尔使用	118		36.53%
完全不用	57		17.65%
本题有效填写人次	323		

第5题：您是否会给孩子解释绘本内容（或朗读绘本故事）？[单选题]

选项	小计	比例	
经常	207		64.09%
偶尔	113		34.98%
从不	3		0.93%
本题有效填写人次	323		

第6题：您是否支持绘本内容以多种语言来展示？[单选题]

选项	小计	比例	
支持	279		86.38%
不支持	44		13.62%
本题有效填写人次	323		

第7题：您更倾向于以下哪种语言搭配？[多选题]

选项	小计	比例	
中—英语	79		28.32%
中—德语	90		32.26%
中—法语	56		20.07%
中—韩语	82		29.39%
中—日语	128		45.88%
中—意大利语	59		21.15%
中—西班牙语	63		22.58%
其他小语种	0		0%
本题有效填写人次	279		

第8题：如果现有一款可以多语言朗读绘本内容的绘本，您是否会购买？

[单选题]

选项	小计	比例	
会	190		58.82%
看价格或心情	90		27.86%
不会	43		13.31%
本题有效填写人次	323		

第9题：您一般会选择哪种绘本类型？[多选题]

选项	小计	比例	
启蒙认知	77		23.84%
科普教育	130		40.25%
情感认知	74		22.91%
行为习惯	114		35.29%
品格塑造	102		31.58%

选项	小计	比例
提升智力	125	38.7%
主题故事	74	22.91%
本题有效填写人次	323	

第10题：您觉得好的绘本应该注重哪些方面？[多选题]

选项	小计	比例
画面、色彩、线条	185	57.28%
内容、角色塑造	249	77.09%
故事的内涵、寓意	182	56.35%
教育意义	211	65.33%
本题有效填写人次	323	

问卷二：关于童年的遗憾（此问卷会绝对保证隐私，结果仅用于数据分析）。

第1题：您的性别：[单选题]

选项	小计	比例
男	109	36.58%
女	189	63.42%
本题有效填写人次	298	

第2题：您的年龄：[单选题]

选项	小计	比例
18岁以下	38	12.75%
18—25岁	153	51.34%
26—35岁	72	24.16%
35岁以上	35	11.74%
本题有效填写人次	298	

第3题：您的童年是否有遗憾？[单选题]

选项	小计	比例	
有	215		72.15%
没有	83		27.85%
本题有效填写人次	298		

第4题：您的遗憾是哪些方面的？[多选题]

选项	小计	比例	
学习方面	34		45.33%
身心健康方面	28		37.33%
与家人朋友相处方面	52		69.33%
吃喝玩乐方面	32		42.67%
本题有效填写人次	146		

第5题：您在童年时期有没有接受过死亡教育？[单选题]

选项	小计	比例	
有	141		47.32%
有过一点	107		35.91%
完全没有	50		16.78%
本题有效填写人次	298		

第6题：父母是怎么给您说死亡这件事的？[单选题]

选项	小计	比例	
完全不提	47		18.95%
敷衍说说	133		53.63%
详细解释	68		27.42%
本题有效填写人次	248		

第7题：您的童年时期有没有接受过性教育？[单选题]

选项	小计	比例	
有	89		29.87%
有过一点	157		52.68%
完全没有	52		17.45%
本题有效填写人次	298		

第8题：父母有没有给您讲过男女差异？[单选题]

选项	小计	比例	
详细讲过	98		39.84%
提过一点	118		47.97%
没有讲过	30		12.2%
本题有效填写人次	246		

第9题：在重大事件（比如升学时选择学校）上，选择是谁最终决定的？

[单选题]

选项	小计	比例	
自己	141		57.09%
父母	106		42.91%
本题有效填写人次	247		

第10题：您在遇到困难或者疑惑时会主动寻求父母帮助吗？[单选题]

选项	小计	比例	
不会主动，他们问就说	41		16.6%
会主动寻求帮助	88		35.63%
寻求他们帮助，他们不会管	118		47.77%
本题有效填写人次	247		

第11题：在家里，父母足够尊重您的隐私吗？（如进房间会敲门、不会私自动自己的东西）[单选题]

选项	小计	比例	
绝对尊重，完全不干涉	116		46.96%
分情况，有时候会询问自己	100		40.49%
完全不考虑自己的感受	31		12.55%
本题有效填写人次	247		

第12题：有什么事情是您最想让童年的自己知道的？[填空题]

_____

_____

第13题：如果能回到童年，您最想弥补的遗憾是什么？[填空题]

_____

_____

_____

该调查问卷的结构设置可供参考。

（2）线下调研

在线下的调研环节中，跟随"三下乡"的队伍，我们来到聂帅故居、鹤年堂、白沙抗战遗址群等红色基地进行考察，感受红色精神，激发创作灵感。在此次调研活动中我们受益颇丰，并制作了部分绘本设计图。结合绘本设计图，我们前往项目试验点——江津区梯子小学进行项目试验，得到了广大家长和小朋友的好评和喜爱，为项目的合理性和可操作性提供了有力的依据。为了搞好宣传和引流工作，我们创建了"聚绘童戎"公众号，推送内容多样丰富，已获得一定的关注和浏览量。

（五）撰写项目计划书

项目的前期工作告一段落，接下来便是项目计划书的撰写工作。文书撰写的写作基础和注意事项需要提前掌握和了解，注意要有明确的目标和逻辑清晰的结构。

创新创业大赛项目计划书的重要性主要体现在以下六个方面。

1.明确项目目标：项目计划书可以帮助参赛者清晰地展示自己的项目目标，包括项目愿景、使命和具体目标等。

2.梳理项目思路：通过撰写项目计划书，参赛者可以对自己的项目进行系统的梳理，包括项目背景、市场分析、竞争对手分析、产品或服务特点、商业模式、营销策略等方面，使项目更具逻辑性和条理性。

3.提升项目竞争力：一个好的项目计划书应该能够充分展示项目的创新点、优势和竞争力，使项目在众多参赛者中脱颖而出，吸引评委和观众的关注。

4.有助于获得支持：在创新创业过程中，项目计划书可以作为向外界展示自己项目的一个窗口，有助于吸引投资，获得政策支持和合作伙伴的关注，为项目的实施提供必要的资源保障。

5.提高团队协作效率：项目计划书可以让团队成员对项目有更清晰的认识，明确各自的责任和任务，提高团队协作效率，有助于项目的顺利实施。

6.锻炼参赛者能力：撰写项目计划书的过程也是一个学习和成长的过程，可以锻炼参赛者的商业思维、分析能力和写作能力，为今后的职业发展奠定基础。

总结：创新创业大赛项目计划书对于参赛者来说具有重要的意义，是参赛者在比赛中取得成功的关键因素之一。以该创赛项目为例，我们以十二个不同的章节呈现计划书的文字脉络。

第一章　项目简介

1.项目名称

2.项目简介

3.项目计划

第二章　服务简介

1.服务内容与服务模式

2.技术介绍

3.服务优势

4.愿景优势

第三章　市场分析

1.儿童绘本市场需求分析

2.竞争分析——以绘本产业为调查对象

3.STP分析

4.SWOT分析

5.市场前景预测

第四章　营销策略

1.营销目标

2.产品策略

3.价格策略

4.渠道策略

第五章　商业模式

1.线上商业模式

2.线下商业模式

第六章　管理策略

1.合作计划

2.实施方案

3.机构设置

4.人员管理

5.人员招募

6.人员培训

7.人员考评与激励

8.销售策略

第七章　团队核心成员

1.学识背景

2.能力掌握

3.负责内容

第八章　财务分析与盈利模式

1.财务分析

2.盈利模式

第九章　风险分析与管理

1.宏观环境风险

2.微观环境风险

第十章　法律分析

1. 法律风险分析

2. 法律风险策略

3. 法律声明

第十一章　课程形式理论来源

1."早期阅读"激发幼儿的阅读兴趣

2.绘本教育对儿童语言能力的提高

3.绘本教育培养儿童观察力和思维能力

4.促进幼儿想象力的发展

5.增强审美意识，培养丰富情感

6.扩展知识面，促进幼儿全面发展

第十二章 附件

归纳项目前期调研的工作成果（包括线上的调查问卷和线下的实践材料）

（六）项目PPT的制作与路演环节

iCAN创赛的重庆选拔赛未设置路演环节。有路演环节的创赛还需注意的是，在文书撰写的工作结束后，需要制作项目汇报的演示幻灯片并配有路演稿。幻灯片的板块制作需要严格依照项目计划书的逻辑脉络，路演稿则可以从项目的介绍引入、宗旨意义、前景市场、创新思路和运营现状等方面展开。

四、能力要求

参加创新创业大赛，通常需要参赛者或团队具备以下能力。

1. 创新能力和创意：这是最基本的要求，参赛项目需要展示出新的思维和方法，以及独特的设计或技术。

2. 项目领域专业知识：根据你选择的参赛领域，你需要具备相应的专业知识和技能。例如，如果你选择的是生物医药领域，那么你对该领域的技术和市场趋势应有深入的了解。

3. 商业计划和市场分析能力：你的项目不仅需要有技术含量，还需要有可行的商业模式和市场分析。如何将技术转化为商业价值，以及如何定位市场，都是评委关注的要点。

4. 团队协作能力：因为这是一个团队比赛，所以团队协作能力非常重要。如何分工，如何协调，以及如何提高团队的整体执行力，都是评价标准之一。

5. 执行力和推进能力：你的项目只是空中楼阁，还是已经有了初步的实施和成果？评委通常会关注你项目的执行情况和推进能力。

6. 演讲和沟通能力：在比赛中，你需要向评委和观众展示你的项目。清晰、有逻辑的演讲和沟通能力，能够帮助你更好地传达自己的想法和项目价值。

7. 抗压能力：创新创业的道路充满了挑战和压力，参赛过程中也可能会遇到各种问题和困难。抗压能力和解决问题的能力，也是评价标准之一。

8. 持续学习和自我提升的能力：技术和市场环境都在快速变化，能否持续学习和自我提升，也是评价一个团队或个人能力的重要指标。

以上只是一般性的能力要求，具体根据不同的比赛和领域有所变化。建议读者参加比赛前，详细阅读比赛的官方要求和规则，以确保你的项目能够满足参赛要求。

五、我校历年成绩

在2023年的iCAN全国大学生创新创业大赛中，我校学生首次参赛便取得了优异成绩。2022级西班牙语专业学生谢桐以其创新项目"聚绘童戎——多语种电子绘本打开儿童爱国主义教育之门"荣获重庆赛区三等奖，这一佳绩不仅彰显了我校学生在创新创业领域的潜力与才华，更标志着我校在创新型人才培养方面迈出了坚实的一步。

作为首次参赛的队伍，谢桐及其团队面对激烈的竞争，不畏艰难，勇于挑战，从项目构思、市场调研到计划书撰写、路演展示，每一个环节都倾注了团队成员的心血与汗水。他们的项目以独特的视角和创新的方式，将多语种电子绘本与儿童爱国主义教育相结合，既展现了深厚的文化底蕴，又体现了强烈的社会责任感，赢得了评委和观众的一致好评。

此次获奖不仅是对谢桐个人及其团队努力的认可，更是对我校创新创业教育工作的肯定。我校一直以来高度重视对学生创新精神和实践能力的培养，通过搭建各类创新创业平台，激发学生的创新思维和创业潜能。iCAN大赛的成功参与，为我校学生提供了宝贵的锻炼机会，也为未来更多学生积极参与创新创业活动树立了榜样。

展望未来，我校将继续加大对创新创业教育的支持力度，为学生创造更多展示自我、实现梦想的舞台。我们相信，在全体师生的共同努力下，我校将在创新创业领域取得更加辉煌的成就，为培养更多具有创新精神和实践能力的高素质人才贡献力量。